Sem medo de pensar

Sem medo de pensar

Breve passeio pela história das ideias

Denise Despeyroux
Francesc Miralles

Ilustrações
Roberto Negreiros

Tradução
Paulo Roberto Leite

wmf **martinsfontes**

SÃO PAULO 2011

Esta obra foi publicada originalmente em espanhol com o título
ATREVETE A PENSAR
por Ediciones Ceac
Copyright © Denise y Francesc Miralles, 2008
Todos os direitos reservados. Nenhuma parte deste livro pode ser reproduzida,
armazenada em sistemas eletrônicos recuperáveis, nem transmitido por nenhuma
forma ou meio, eletrônico, mecânico, incluindo fotocópia, gravação, ou outros,
sem a prévia autorização por escrito do detentor do copyright.
Copyright © 2011, Editora WMF Martins Fontes Ltda.,
São Paulo, para a presente edição.

1ª edição 2011

Tradução
PAULO ROBERTO LEITE

Revisão da tradução
Silvana Cobucci Leite
Acompanhamento editorial
Luzia Aparecida dos Santos
Revisões gráficas
Renato da Rocha Carlos
Helena Guimarães Bittencourt
Capa, projeto gráfico e paginação
Adriana Maria Porto Translatti
Ilustrações
Roberto Negreiros
Produção gráfica
Geraldo Alves
Impressão e acabamento
Yangraf Gráfica e Editora Ltda.

Dados Internacionais de Catalogação na Publicação (CIP)
(Câmara Brasileira do Livro, SP, Brasil)

Despeyroux, Denise
  Sem medo de pensar : breve passeio pela história das ideias / Denise Despeyroux, Francesc Miralles ; ilustrações Roberto Negreiros ; tradução Paulo Roberto Leite. – São Paulo : Editora WMF Martins Fontes, 2011.

  Título original: Atrevete a pensar.
  ISBN 978-85-7827-417-7

  1. Filosofia - História I. Miralles, Francesc. II. Negreiros, Roberto. III. Título.

11-05178   CDD-109

Índices para catálogo sistemático:
1. Filosofia : História 109

Todos os direitos desta edição reservados à
Editora WMF Martins Fontes Ltda.
Rua Prof. Laerte Ramos de Carvalho, 133 01325-030 São Paulo SP Brasil
Tel. (11) 3293.8150 Fax (11) 3101.1042
e-mail: info@wmfmartinsfontes.com.br http://www.wmfmartinsfontes.com.br

Sumário

Nota preliminar 8

A Grécia e o nascimento da filosofia

A origem dos filósofos e suas filosofias 13
Os primeiros filósofos: os pré-socráticos 16
Sócrates, o amado mestre 20
A Academia de Platão 22
O Liceu de Aristóteles 27
O jardim de Epicuro 30
O que alguns filósofos gregos disseram... 34

A Idade Média: suas luzes e suas sombras

Uma época obscura, mas também luminosa . . 39
Santo Agostinho: mundano e místico 40
O problema do mal 43
Santo Tomás de Aquino ou de que maneira a razão e a fé podem se unir 45
Santo Agostinho disse... 47

A Idade Moderna e o triunfo da razão

Descartes, pai da filosofia e da ciência moderna 51
Penso, logo existo 53
A maçã de Newton 55
Descartes disse... 57
O Iluminismo e seu lema: Atreva-se a pensar! . . 58
Kant, um professor com suas rotinas 59
Críticas kantianas 61
Kant disse... 62

Marx, Darwin, Freud: três mestres da suspeita

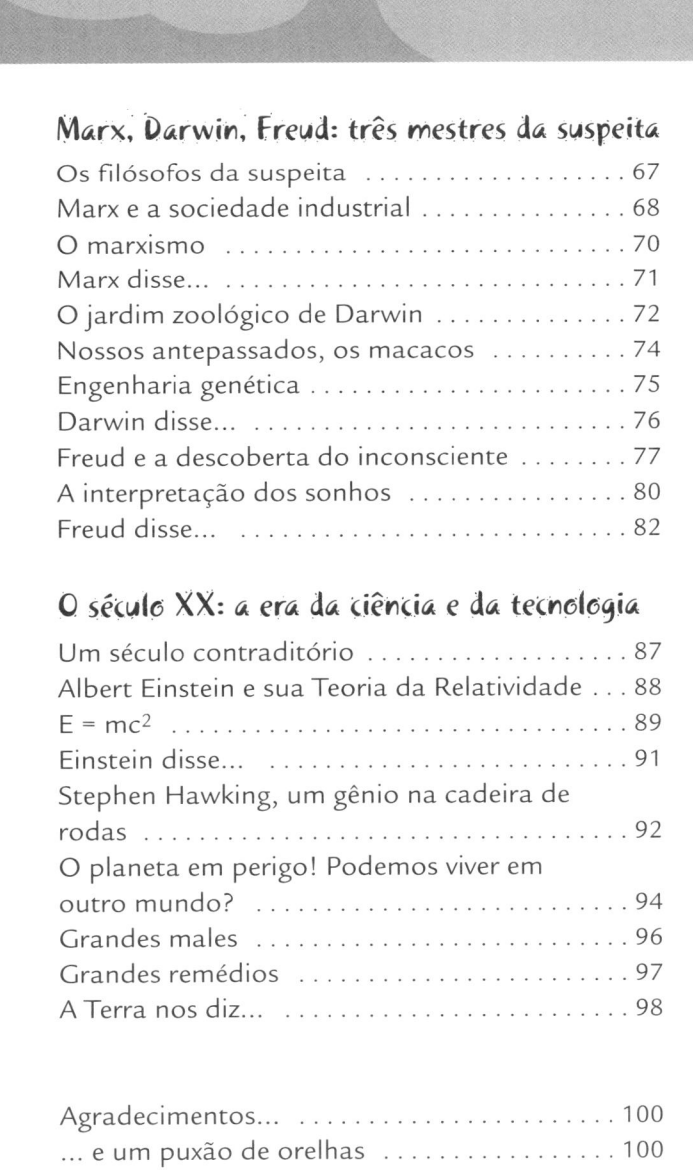

Os filósofos da suspeita 67
Marx e a sociedade industrial 68
O marxismo 70
Marx disse... 71
O jardim zoológico de Darwin 72
Nossos antepassados, os macacos 74
Engenharia genética 75
Darwin disse... 76
Freud e a descoberta do inconsciente 77
A interpretação dos sonhos 80
Freud disse... 82

O século XX: a era da ciência e da tecnologia

Um século contraditório 87
Albert Einstein e sua Teoria da Relatividade ... 88
$E = mc^2$ 89
Einstein disse... 91
Stephen Hawking, um gênio na cadeira de
rodas 92
O planeta em perigo! Podemos viver em
outro mundo? 94
Grandes males 96
Grandes remédios 97
A Terra nos diz... 98

Agradecimentos... 100
... e um puxão de orelhas 100

Nota preliminar

O artista Francis Picabia disse certa vez que "nossa cabeça é redonda para que o pensamento possa mudar de direção".

Alguém de "cabeça quadrada" ou que passe toda a vida com uma mesma bagagem de ideias e opiniões nunca conseguirá coisas importantes, pois vivemos num mundo em constante mudança, e quem não se mexe... sai do jogo!

Este breve curso de filosofia é um *kit* de ginástica para a mente.

Ao descobrir o que outros pensaram, você terá de pensar com eles, aumentando, assim, o número de voltas de seu veículo para conhecer o mundo.

Você está preparado para esta breve, porém intensa, viagem pelo universo das ideias?

Com seu melhor instrumento, a mente, você conhecerá os principais momentos da história do pensamento e poderá tirar suas próprias conclusões. Uma aventura fascinante o espera.

Uma das muitas coisas que você irá aprender nesta viagem é que a filosofia pode ser muito estimulante e divertida, pois sempre nos apresenta perguntas e enigmas. Você está disposto a enfrentá-los?

Bem-vindo à nossa escola de filosofia!

"Por meio da admiração, os homens, tanto agora como antes, começaram a filosofar."
ARISTÓTELES

"Ninguém por ser jovem hesite em filosofar, nem por ser velho de filosofar se aborreça."
EPICURO

"Ser escravo da filosofia significa ser livre."
SÊNECA

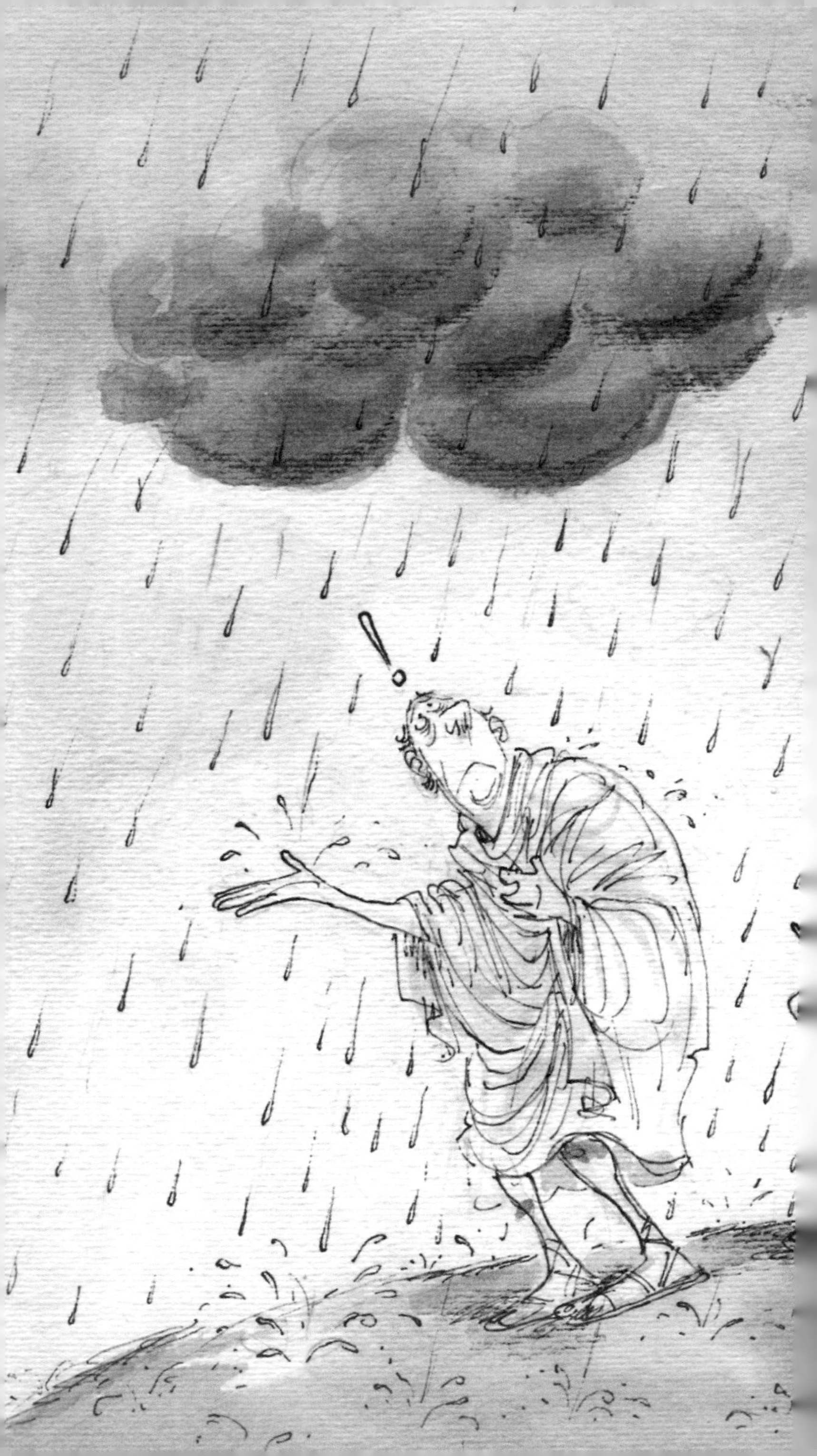

A Grécia e o nascimento da filosofia

A origem dos filósofos e suas filosofias

Você certamente já ouviu falar de algo chamado Filosofia. Talvez conheça alguém com fama de filósofo, ou quem sabe a expressão "viver a vida com filosofia" não lhe seja estranha. Mas você saberia dizer exatamente qual é o objeto da filosofia? O que faz um filósofo e a que se dedica?

Não são perguntas fáceis. Uma das maneiras mais simples de explicar em que consiste determinada ciência ou ramo do saber humano é definir seu objeto de estudo, isto é, dizer do que se ocupa. Assim, é fácil explicar que a geometria, por exemplo, é um ramo da matemática que estuda as figuras geométricas, ou que a química é a ciência que estuda os elementos constituintes da matéria.

Não podemos fazer o mesmo com a filosofia. Para começar, porque praticamente cada filósofo apresentará uma visão diferente do que é a filosofia e seu objeto de estudo. Se pensarmos, por exemplo, nos filósofos contemporâneos, veremos que alguns se ocupam da linguagem, outros da política, outros da arte, outros da ciência e suas regras. Como é possível englobar numa única disciplina interesses tão diferentes?

Diante de tanta confusão, talvez o melhor seja remeter essa questão à origem da filosofia.

Perguntar pela origem de algo é perguntar qual sua necessidade, o que motivou seu nascimento. Por que e quando surgiu a filosofia?

A filosofia nasceu na Grécia há cerca de 2.500 anos, quando os homens começaram a ficar admirados com a natureza e a se perguntar: Qual é a origem e o princípio de todas as coisas?

Pode-se dizer que a admiração diante da natureza, do mundo que nos rodeia e no qual estamos imersos é a origem da filosofia, o motor que move homens a se fazer perguntas. Isso não significa que, antes do nascimento da filosofia na Grécia, os homens não se faziam perguntas. É claro que as faziam, mas buscavam respostas nas religiões e nos mitos. A grande novidade do pensamento filosófico é que pretende encontrar respostas racionais para essas perguntas.

A palavra "filosofia" é formada por duas palavras gregas: *philô*, que significa "amor", e *sophía*, que significa "sabedoria". Por isso dizemos que o sentido etimológico da palavra "filosofia", ou seja, aquele que tem a ver com sua origem, é **AMOR À SABEDORIA**.

No princípio, a filosofia abarcava todo o saber humano em seus diferentes ramos. Os filósofos entendiam de ciências naturais, de matemática, de arte, de política, de ética. É claro que cada um tinha suas preferências e dava mais importância a determinados temas que a outros, porém pode-se dizer que os primeiros filósofos interessavam-se por tudo o que estivesse ligado ao saber humano. Por isso, às vezes chamamos esses filósofos de sábios.

À medida que a humanidade avança, seu saber torna-se cada vez mais vasto, mais amplo e mais complexo. Assim, é inevitável que, com o passar do tempo, as distintas áreas do saber humano se tornem independentes. Por isso, surgiram e continuam a surgir cada vez mais disciplinas, e a filosofia tem limitado cada vez mais o seu objeto de estudo. No entanto, a filosofia nunca chegou a abandonar seu desejo de totalidade, sua pretensão de encontrar respostas para os problemas mais prementes da humanidade e seu anseio de questionar, refletir e argumentar para tornar essas respostas cada vez mais sólidas e convincentes.

Em nossa época, a filosofia muitas vezes apresenta-se como uma disciplina capaz de guiar e orientar as diferentes ciências com seus diferentes saberes. As ciências naturais, por exemplo, tais como a física, a química ou a astronomia, pretendem conhecer o mundo tal como é, saber cada vez mais acerca da natureza, do cosmos e da vida. Em sua ânsia de saber, essas ciências precisam desenvolver diferentes métodos e critérios de investigação. Os filósofos, com sua capacidade crítica e reflexiva, e com seu conhecimento do papel e do desenvolvimento da ciência através dos séculos, trabalharam junto com os cientistas revisando, analisando e questionando tais métodos, para torná-los cada vez mais sólidos e confiáveis.

Atualmente, a filosofia continua sendo tão urgente e necessária como em suas origens, e nos faz lembrar que, por mais que as diferentes disciplinas sejam cada vez mais amplas e impossíveis de abarcar, todos os nossos saberes, incluindo os mais abstratos, estão relacionados com o homem e com seu anseio de encontrar um sentido na vida e uma ordem no cosmos.

Os primeiros filósofos: os pré-socráticos

Os primeiros filósofos da antiga Grécia são conhecidos como "pré-socráticos" porque precederam um dos mais brilhantes e originais filósofos do Ocidente: Sócrates.

A filosofia desses primeiros filósofos poderia ser descrita como uma "filosofia da natureza", que pretende responder a uma pergunta muito concreta e ao mesmo tempo muito ampla: Qual é o *arkhé* da *phýsis*? A palavra *arkhé*, em grego, significa "princípio", e a palavra *phýsis* significa "natureza". Isso quer dizer que os primeiros filósofos se perguntavam sobre a origem do mundo e de todos os seres. Eles acreditavam que devia haver uma única matéria, um único princípio ou substância da qual se originavam todas as demais.

Para **Tales** de Mileto, um dos sete sábios da Grécia e primeiro filósofo da filosofia ocidental, esse princípio era a água. Tales observou que esse elemento podia ser encontrado na natureza em estado líquido, sólido e gasoso, e acreditou que esse poderia ser um dado decisivo para considerá-lo o ingrediente básico que constitui o universo.

Além disso, Tales possuía amplos conhecimentos de astronomia e conseguiu prever corretamente um eclipse do sol. Outro grande êxito desse filósofo foi calcular a altura das pirâmides do Egito guiando-se por sua sombra, depois de observar que há um momento do dia em que a sombra de uma pessoa é igual a sua altura.

Anaximandro, assim como Tales, seu mestre, nasceu na cidade de Mileto. Embora afirmasse que o homem descendia dos peixes, não acreditava que a água fosse o princípio constitutivo de todas as coisas. Defendia a existência de uma substância indeterminada, sem forma e imperecível. Uma substância existente desde sempre e para sempre, da qual tudo foi feito.

Dizem que, em certa ocasião, Anaximandro conseguiu prever um terremoto. Avisou os lacedemônios, que abandonaram suas casas e fugiram para os campos; pouco depois a cidade inteira foi destruída.

Anaxímenes, discípulo de Anaximandro, acreditava que o princípio de todas as coisas era o ar. Explicava que esse elemento podia transformar-se em todas as outras coisas através de dois processos naturais: a rarefação e a condensação. À medida que o ar se condensa, isto é, à medida que suas partículas se apertam mais e mais umas contra as outras, ele se transforma em vento, mais tarde em nuvens e depois em barro e, finalmente, em pedra. Se, ao contrário, o ar se rarefaz, isto é, se suas partículas se dispersam e se separam, ele se transforma em fogo. Além disso, para Anaxímenes, o ar era a fonte de toda a vida, pois todo ser vivo precisa respirar para viver. Ele também acreditava que a própria alma era constituída de ar e que, por isso, este nos mantém unidos, da mesma forma que o vento envolve e mantém o mundo coeso.

Heráclito de Éfeso foi um dos pensadores pré-socráticos que mais influenciaram os filósofos posteriores. Talvez isso se deva ao fato de serem conhecidos belos aforismos de sua autoria. Aforismo é a ideia expressa através de uma frase ou parágrafo, que pretende esclarecer ou revelar alguma verdade que até então permanecera oculta. Heráclito acreditava que a única coisa permanente no mundo é a própria mudança e que existe uma lei, denominada *lógos*, que rege essa incessante mudança. Para Heráclito, o elemento básico do universo é o fogo, que, apesar de sua aparência estável, muda e altera tudo o que toca.

Parmênides, discípulo de Pitágoras, de quem talvez você se lembre pelo seu famoso teorema dos triângulos, afirmava o contrário de Heráclito. Para ele, os sentidos nos enganam e, ainda que aparentemente tudo mude, na realidade essa mudança não passa de uma ilusão. Parmênides considerava totalmente absurda a ideia de que o mundo pudesse ter uma origem ou de que de repente alguma coisa pudesse surgir a partir do nada. Por isso, em nome da razão, ele afirmava que o mundo existia desde sempre e que jamais poderia deixar de existir. Por sua confiança no poder da razão e seu desprezo pelo que os sentidos nos mostram, Parmênides é considerado por muitos o primeiro grande filósofo racionalista da história da filosofia ocidental.

Empédocles não é o último dos filósofos pré-socráticos, porém é o último que veremos aqui. De algum modo ele concilia as ideias de alguns dos filósofos da natureza que apresentamos, pois reduz a realidade não a um, mas aos quatro elementos: a água, o ar, a terra e o fogo. Toda mudança se explica, segundo Empédocles, pela união ou separação desses quatro elementos. E são duas as forças básicas da natureza que provocam esses movimentos: a força do amor, que une os elementos, e a força do ódio, que os separa.

Sócrates, o amado mestre

Sócrates é um dos personagens mais apaixonantes e enigmáticos de nossa cultura. Não escreveu nada e, no entanto, graças aos famosos *Diálogos* que seu grande discípulo Platão nos deixou, podemos saber muitas coisas sobre sua filosofia e sobre o impacto que sua vida e sua morte causaram nos contemporâneos de sua Atenas natal.

Sócrates gostava de passar seu tempo nos mercados e praças da cidade falando com as pessoas. Dizia que as árvores do campo não podiam lhe ensinar nada, mas tinha muito a aprender com o diálogo com seus semelhantes. Acreditava que toda pessoa é capaz de usar a razão para entender as verdades filosóficas e, por isso, afirmava que o diálogo hábil e rigoroso é o melhor método para obter o conhecimento. Com suas perguntas, Sócrates incitava as pessoas a usarem o senso comum e a inteligência. Ele mesmo se comparava a uma parteira, essas mulheres que ajudam as outras a dar à luz. No caso de Sócrates, ele era o mestre que ajudava os outros a darem à luz a sabedoria.

Um dia, chegou-lhe aos ouvidos a notícia de que o Oráculo de Delfos dissera que ele era o homem mais sábio de Atenas. Sócrates respondeu que o Oráculo talvez estivesse certo, pois ele ao menos sabia que não sabia nada, coisa que muitos outros, que se consideravam sábios, pareciam ignorar.

A popularidade de Sócrates aumentava cada vez mais, e inúmeros discípulos ansiavam por sua companhia pelo muito que com ele aprendiam. No entanto, qualquer pessoa que se destaque e seja admirada terá também seus detratores e inimigos. Na época de Sócrates existiam os sofistas, filósofos que haviam se convertido em autênticos profissionais do ensino, a ponto de cobrar por suas aulas. Sócrates jamais quis cobrar por seus ensinamentos, apesar de passar toda sua vida na pobreza, pois acreditava que esse tipo de troca não era correto do ponto de vista moral. Além disso, não gostava dos sofistas porque eles ensinavam principalmente a arte da retórica, que é a arte de convencer os outros através de palavras e argumentos. Os sofistas afirmavam que toda verdade é relativa e eram capazes de defender tanto uma posição como o seu contrário, com relação a qualquer tema. Essa atitude repugnava Sócrates, que acreditava no caráter inquebrantável e não relativo da verdade e entendia o conhecimento não como uma arma para convencer e ter poder sobre os demais, mas como uma ferramenta para combater a ignorância e tornar-se melhor como ser humano. Sócrates, de fato, estava convencido de que todo mal provém da ignorância e que, para fazer o bem e o correto, as pessoas só precisam saber o que é o bem e o que é o correto.

Paradoxalmente, apesar de sua retidão moral e de seus princípios, Sócrates foi preso e condenado à morte, acusado de corromper a mente dos jovens. Dizem que, quando chegou o momento de beber a cicuta, o potente veneno usado na Grécia para a pena capital, Sócrates o fez com firmeza e tranquilidade. Estava convencido de ter levado uma boa vida, e isso deu-lhe a coragem para enfrentar a morte com serenidade e consolar todos os discípulos aflitos que o acompanharam até o final. Para ele, era pior cometer uma injustiça que sofrê-la, porque quem a comete se converte em injusto e quem a sofre não. Talvez essa tenha sido uma das reflexões que aliviaram seu espírito quando teve que se confrontar com a dura morte.

A Academia de Platão

Platão tinha vinte e nove anos quando assistiu à morte de seu mestre e ficou tão impressionado que, apesar de ter nascido no seio de uma família aristocrática e ter facilidade de acesso a uma posição de poder, decidiu afastar-se do turbulento mundo da política, convencido de que um bom governo jamais condenaria à morte um homem da estatura moral e intelectual de Sócrates.

Seguindo os passos de seu mestre, Platão acreditava que a educação é a chave para formar bons homens e bons cidadãos. Por isso, decidiu fundar uma escola de filosofia, a primeira de nossa civilização, conhecida como a Academia. A escola recebeu esse nome por ter sido construída nos jardins dedicados ao herói grego Academos, nos arredores de Atenas. Desde então, a palavra "Academia" passou a significar o mesmo que significa hoje, isto é, escola ou lugar onde se transmite algum tipo de ensinamento.

Na Academia de Platão ensinava-se música, astronomia, matemática, ginástica e, claro, filosofia. Atribuía-se uma importância extraordinária à palavra viva como veículo de transmissão de conhecimento. Lembramos que toda a filosofia de Platão está escrita em forma de diálogos, dos quais participam importantes personagens de sua época, entre eles seu admirado mestre Sócrates. Contudo, dizem que, antes de ser autorizados a falar, os discípulos passavam anos aprendendo a ficar calados. Sobre isso, Platão afirmava: "Os sábios falam porque têm algo a dizer; os tolos, porque têm que dizer algo."

Vejamos agora muito brevemente um ponto essencial da filosofia de Platão: a **Teoria das Ideias**, que ele ilustra com a ajuda do famoso **Mito da Caverna**.

Platão defendia a existência de ideias perfeitas e imutáveis por trás de cada coisa. Por exemplo, nós temos uma ideia de bondade que tem a ver com as coisas boas que existem e que podemos ver no mundo. Platão acreditava que, além dessas coisas boas, necessariamente devia existir, mais além deste nosso mundo real e sensível, uma ideia de bondade à qual, em algum momento, nossa alma teve acesso. É essa ideia que nos permite reconhecer a bondade nas coisas. Em seu diálogo *Fedro*, ele explica que um dia nossas almas viram essas ideias eternas, perfeitas e imutáveis, que depois vemos simplesmente refletidas nas coisas do mundo. Por isso, Platão acreditava que "tudo o que se chama estudar e aprender não é outra coisa que recordar".

Para ilustrar essa diferença entre o mundo das ideias e o mundo das coisas sensíveis no qual vivemos, Platão criou uma bela história conhecida como "o mito da caverna". Essa história faz parte de sua obra *A República* e diz o seguinte:

Imagine alguns homens que desde pequenos estão acorrentados nas profundezas de uma caverna escura. Esses homens são obrigados a permanecer imóveis olhando sempre para a parede do fundo da caverna. Atrás deles há uma espécie de teatro de marionetes, onde outros homens exibem os diferentes objetos do mundo.

Nós somos esses homens acorrentados e jamais vemos os objetos reais; vemos apenas suas sombras, que se refletem na parede que contemplamos.

Certo dia, porém, um desses homens acorrentados, com grande esforço, liberta-se de seus grilhões e consegue descobrir toda essa montagem: o teatro, os homens que passeiam atrás de nós, esses objetos que nunca vemos de verdade e também, mais a distância, a luz do sol que mal consegue filtrar alguns raios pela entrada da caverna. Então, enfrentando todas as dificuldades, esse homem decide subir em direção a essa luz e ao exterior da caverna. A subida é muito dolorosa e mil e uma vezes o homem chega a ponto de desistir e voltar atrás, mas algo em seu interior o leva a seguir adiante. Finalmente, consegue sair para o exterior e ver a luz do sol, cuja beleza o deixa extasiado e comovido. Fascinado ao sentir pela primeira vez sua liberdade, ele compreende que antes vivia acorrentado e enganado.

Mas sua viagem não acaba aqui. Esse prisioneiro libertado logo sente a urgente necessidade de fazer o caminho de volta, até o interior da escura caverna. Lá estão seus companheiros acorrentados, e ele sente que precisa comunicar-lhes a verdade, precisa falar-lhes da claridade do sol e do engano a que estão sendo submetidos.

O prisioneiro, então, retoma o também difícil caminho de volta. A chama da verdade que arde em seu coração ajuda-o a chegar até seus companheiros. Ao chegar, porém, não é bem recebido. Acorrentados desde a infância, esses prisioneiros são incultos e ignorantes e, por isso, só podem considerar que o prisioneiro libertado é louco. Se insistir demais para que se libertem, se ousar romper as correntes que os prendem, a nosso herói não restará outro destino que não morrer pelas mãos de seus próprios companheiros, pois a ignorância gera violência.

Ao escrever esse sugestivo mito, é mais que provável que Platão tivesse em mente seu amado mestre, pois em sua filosofia é Sócrates quem sobe como o prisioneiro libertado e a quem os outros condenam à morte. Além disso, há nesse mito uma imagem do filósofo no sentido etimológico da palavra (de amante da sabedoria) e uma reflexão sobre seu papel na sociedade. Uma imagem que podemos encontrar repetida ao longo da história, pois infelizmente os sábios não raro têm sido considerados "loucos" e muitos viram-se obrigados a se retratar de suas próprias ideias.

A Academia de Platão formou muitas gerações de filósofos durante séculos, até ser fechada em 529 d.C., assim como as demais escolas de filosofia atenienses. Quem ordenou o fechamento das escolas foi o imperador romano Justiniano, com a desculpa de defender o cristianismo. A filosofia foi proibida, dando início a uma época obscura para a razão.

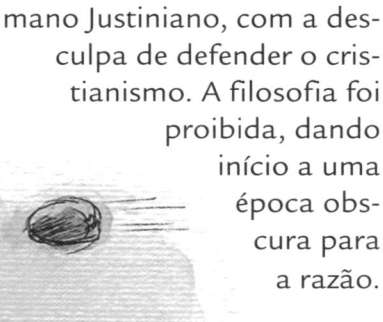

O Liceu de Aristóteles

Aristóteles foi um destacado discípulo de Platão que, após a morte de seu mestre e de ter estudado durante vinte anos na Academia, decidiu fundar sua própria escola: o Liceu.

Aristóteles era fascinado pela contemplação e pelo estudo da natureza. De fato, pode-se dizer que foi o primeiro grande biólogo da Europa. Como acreditava que todo conhecimento começava pelos sentidos, na história da filosofia ele frequentemente é considerado também o primeiro filósofo empirista. Os empiristas afirmam precisamente que se chega ao conhecimento através da experiência, isto é, através dos sentidos. Essa proposta de Aristóteles é contrária à de seu mestre, Platão, um filósofo claramente racionalista que atribui todo protagonismo à razão e chega a desconfiar dos sentidos; recordemos, sem ir mais além, o mito da caverna, em que os personagens se enganam acreditando ver o real quando veem apenas sombras.

O Liceu de Aristóteles estava situado em um templo de Apolo, o deus sol, e também recebia o nome de Escola Peripatética, da palavra grega *peripatein*, que significa passear de um lado para outro, já que os filósofos do Liceu discutiam e tomavam suas aulas enquanto davam voltas pelo pátio.

Aristóteles foi bastante crítico com as posições de seu mestre. Criticou, por exemplo, a existência das ideias inatas, isto é, para a filosofia aristotélica não existem essas ideias perfeitas e imutáveis fora do mundo sensível que, de acordo com Platão, também se achavam na mente do homem. Quando chegamos ao mundo, nossa mente é um quadro em branco (em latim *tabula rasa*) e é somente através dos sentidos que começamos a aprender coisas.

Aristóteles trouxe contribuições muito importantes para diversos campos do saber humano, tais como: lógica, física, política, ética e retórica. Dos 170 títulos atribuídos a ele, 47 chegaram até nós. A maioria são anotações para suas aulas no Liceu. Seu estilo é claro e preciso como o de uma enciclopédia; era um homem muito sistemático, com grande capacidade para ordenar e classificar.

Uma das contribuições mais relevantes e originais de Aristóteles é a Teoria do Helimorfismo: das palavras gregas *hýle*, que significa "matéria", e *morphé*, que significa "forma". De acordo com Aristóteles, as coisas são feitas de matéria e forma, isto é, essas duas encontram-se sempre indissociavelmente unidas na natureza e jamais podem separar-se. A matéria terá sempre uma forma concreta, mas essa forma pode mudar. É a forma que leva uma coisa a ser exatamente aquilo que é.

Para resolver o problema da mudança, que preocupava muito os filósofos gregos, Aristóteles distingue duas maneiras de "ser": ser em potência e ser em ato. Um exemplo nos ajudará a entender melhor essa distinção.

Os gregos tinham muita dificuldade em entender a questão da mudança porque para eles era impossível aceitar a passagem do ser ao não-ser e, vice-versa, do não-ser ao ser. Como é possível, por exemplo, que uma pessoa jovem se transforme em uma pessoa velha? Parece que essa pessoa deve deixar de ser jovem (quer dizer, deixar de ser alguma coisa para passar a não sê-lo) e chegar a ser algo que não é (isto é, passar do não-ser ao ser). Aristóteles soluciona esse problema afirmando que essa pessoa era jovem em ato e, ao mesmo tempo, era velha em potência, isto é, em seu ser já existia a possibilidade de mudar de forma para ser velha no futuro. Mudar é apenas deixar de ser algo em potência para sê-lo em ato.

Com essa teoria, Aristóteles deu uma solução bastante simples ao complexo problema da mudança, que tanto obcecava os filósofos gregos. Quanto ao movimento, que é uma forma de mudança (mudança de lugar), Aristóteles acreditava que era o movimento das estrelas e dos planetas que impulsionava a Terra a se mover e afirmava a necessidade da existência de um "primeiro motor imóvel", um ser que não se movia e que seria a origem do movimento de todos os outros seres. Os filósofos da Escolástica (que veremos no capítulo seguinte) não tiveram dificuldade em identificar esse primeiro motor imóvel com o Deus cristão, e essa foi uma das razões que os levaram a adotar a filosofia de Aristóteles e a adaptá-la facilmente às suas crenças.

Por último, quanto ao problema sobre o que é o homem e que lugar ele ocupa na natureza, Aristóteles dirá que o homem tem uma alma constituída por uma parte vegetal (que lhe permite crescer e absorver os alimentos do mesmo modo que as plantas), uma parte animal (que lhe dá a capacidade de sentir e mover-se) e, por último, uma racional (que lhe confere sua característica mais própria: a capacidade de raciocinar).

O jardim de Epicuro

Aristóteles morreu no ano 322 a.C. (antes de Cristo), quando a civilização grega já havia perdido parte de seu esplendor e Roma começava a conquistar seus domínios. Até então, os gregos estavam sempre muito ligados a sua *pólis* ou cidade-estado, mas, à medida que as fronteiras começavam a desaparecer, as pessoas também entravam em crise. Por isso, não é de admirar que os filósofos desse período, que chamamos helenístico (última etapa do que se conhece como Idade Antiga ou simplesmente Antiguidade), estivessem preocupados em saber como os homens devem viver. O que precisamos fazer para ser felizes nesta vida?

Outros filósofos já haviam se questionado sobre isso. Aristóteles, sem ir mais além, escrevera importantes obras sobre o que chamamos ética, que pode ser definida como a ciência de saber viver, considerando as ações e atitudes adequadas ou moralmente corretas.

Contudo, o período helênico caracteriza-se pelo surgimento de várias escolas de filosofia muito importantes, que encontram muitos adeptos ou seguidores e se concentram especialmente no tema do saber viver. As duas escolas que provavelmente mais se destacam são o estoicismo e o epicurismo.

Os estoicos acreditavam na existência de um destino do qual nada poderia escapar. Eles diziam que tudo fazia parte de um plano divino e que era impossível evitar qualquer coisa que estivesse para acontecer. Diante dessa firme convicção, a única atitude sensata era resignar-se com os acontecimentos, sem se esforçar para mudar as coisas ou se preocupar com o futuro. Essa filosofia de vida teve tantos adeptos que durante uma época converteu-se na filosofia oficial do Império Romano. Você ficará surpreso ao saber que daí vem a expressão "viver a vida com filosofia". Quando alguém diz que outra pessoa vive sua vida com filosofia, está querendo dizer, muitas vezes sem saber, que essa pessoa vive sua vida com estoicismo.

O epicurismo também é uma filosofia de vida, porém muito diferente. O nome origina-se de seu criador, o filósofo grego Epicuro. Nós o incluímos nesta seção porque, assim como Platão e Aristóteles, ele também fundou uma escola. Essa escola ficava num jardim nos arredores de Atenas, onde conviviam homens e mulheres. Por isso os filósofos epicuristas (seguidores de Epicuro) logo passaram a ser conhecidos como "os filósofos do jardim". Na entrada do jardim de Epicuro havia uma placa com a seguinte inscrição: "Estrangeiro, aqui viverás bem. Aqui o prazer é o bem supremo." Veja como era diferente da inscrição que podia ser lida na academia de Platão: "Ninguém entra aqui sem saber geometria."

De fato, a filosofia de Epicuro é uma filosofia centrada na busca do prazer. Dito assim, pode parecer que é uma filosofia de pouca reflexão, cuja proposta é deixar-se levar pelos impulsos e esforçar-se para obter aquilo que mais se deseja. Contudo, está muito longe disso. Epicuro afirma que precisamos refletir muito sobre as consequências de nossas ações e avaliar não apenas se essas ações serão agradáveis, mas também se seria conveniente evitar ou não os "efeitos secundários" que elas poderiam ter. Vejamos um exemplo muito simples:

Imagine que, certo dia, a sobremesa é uma torta de que você gosta muito. Você come um pedaço, e isso lhe proporciona enorme prazer. Porém, você quer mais e, então, se serve de outro pedaço maior que o anterior. Algumas horas depois, sua barriga começa a doer muito e você tem uma noite terrível, simplesmente porque comeu demais. Epicuro diria que essa não é uma atitude inteligente, que visa à busca do prazer. Se você tivesse pensado realmente nas consequências prazerosas ou não prazerosas de sua ação, teria percebido que seria melhor comer apenas um pedaço de torta: assim, poderia saboreá-lo sem ter dor de barriga mais tarde.

Epicuro chega a fazer uma classificação dos diferentes tipos de prazeres e desejos. O maior dos prazeres a que podemos aspirar é a tranquilidade da alma e a ausência de dor (ataraxia). Para isso, Epicuro recomenda uma vida tranquila, rodeada de amigos e de prazeres que não sejam inúteis ou supérfluos. De acordo com ele, a amizade é um dos maiores prazeres para o homem. A virtude que nos ajuda a ordenar e selecionar os prazeres é a prudência, indispensável se queremos ter uma vida feliz. A vida feliz é, para Epicuro, o verdadeiro objeto da filosofia: a arte de saber viver.

O que alguns filósofos gregos disseram...

"Dos seres, o mais antigo é Deus, por não haver nascido;
o mais belo é o mundo, por ser obra de Deus;
o maior, o espaço, pois a tudo contém;
o mais veloz é o entendimento, pois a tudo ele percorre;
o mais forte é a necessidade, porque vence tudo;
o mais sábio é o tempo, porque tudo ele descobre."

TALES DE MILETO

"O homem é um auriga que conduz um carro alado puxado por dois briosos cavalos: o prazer e o dever. A arte do auriga consiste em moderar a fogosidade do corcel negro
(o prazer) e sincronizá-lo com o branco
(o dever) para correr sem perder o equilíbrio."

PLATÃO

"Existem dois tipos de homens. Um é o educado na liberdade e na serenidade, o filósofo. Deve-se perdoá-lo por parecer tolo ou inútil quando enfrenta alguma tarefa doméstica, se não consegue arrumar adequadamente a roupa da cama, ou condimentar um prato com especiarias e um discurso com lisonjas. O outro é hábil na realização de todos esses serviços, porém não aprendeu a usar seu manto como um cavalheiro, nem a captar a harmonia das palavras para celebrar em autênticos discursos a vida de felicidade dos deuses e dos homens."

PLATÃO

"O homem verdadeiramente sábio, o homem verdadeiramente virtuoso, sabe sofrer todos os azares do destino sem perder nada de sua dignidade; sempre sabe extrair das circunstâncias o melhor partido possível, como um bom general sabe empregar da maneira mais conveniente para o combate o exército que tem às suas ordens; como o sapateiro sabe fazer o mais precioso calçado com o couro que se lhe dá; como fazem em sua profissão todos os outros artistas."

ARISTÓTELES

"A felicidade não é um efeito do acaso; é ao mesmo tempo dom dos deuses e o resultado de nossos esforços."

ARISTÓTELES

"Mais preciosa até mesmo que a filosofia é a prudência, da qual nascem todas as outras virtudes, ensinando-nos que não é possível viver com prazer sem viver com prudência, honestidade e justiça, nem viver com prudência, honestidade e justiça sem viver com prazer."

EPICURO

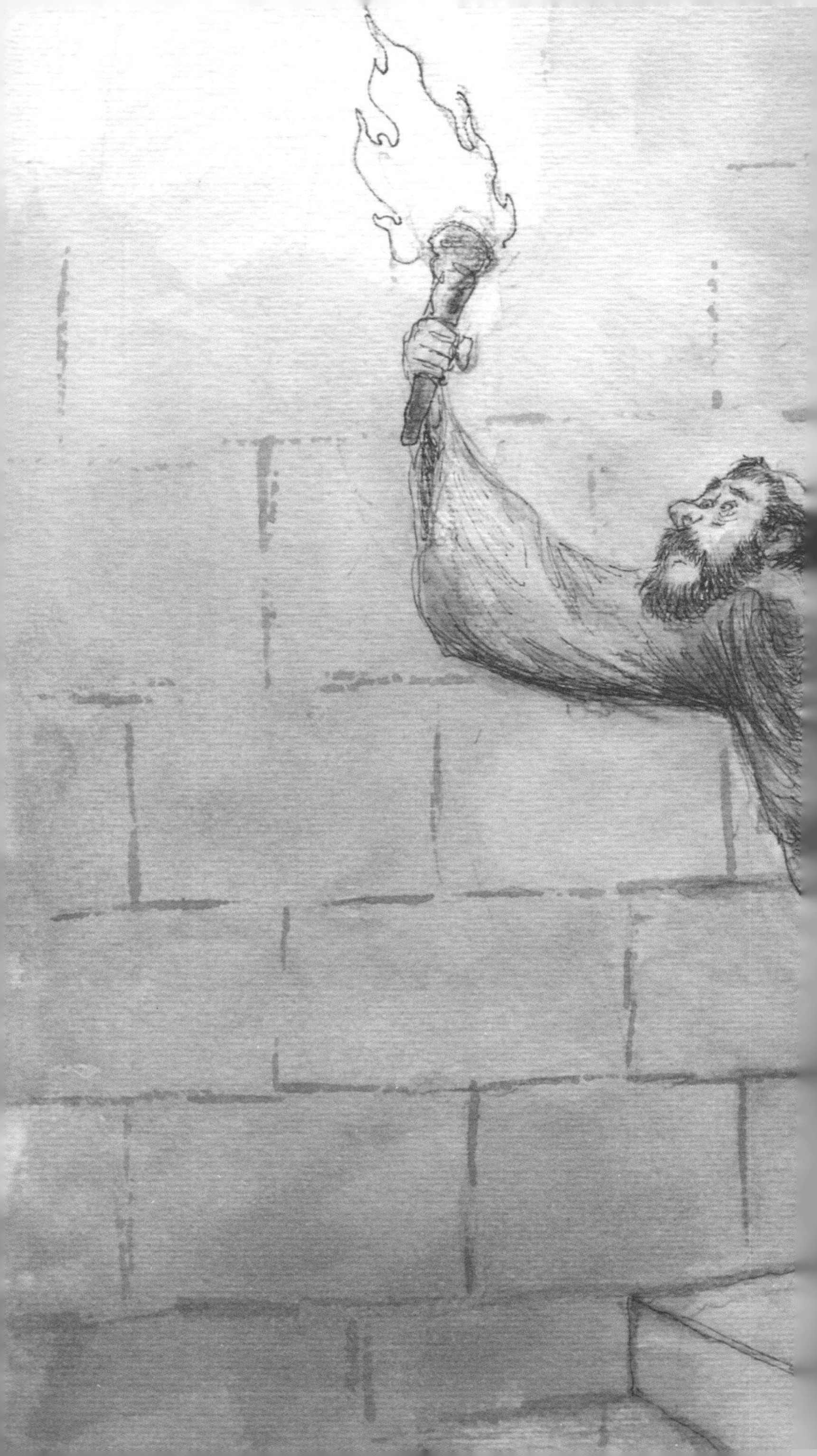

A Idade Média: suas luzes e suas sombras

Uma época obscura, mas também luminosa

A expressão "Idade Média" designa um período compreendido entre duas épocas que, em sentido mais amplo, vai do século V ao século XV. Foram os filósofos e cientistas renascentistas que escolheram esse termo para indicar o período que vai da Antiguidade até precisamente o Renascimento. Considerar uma época apenas como transição para outra significa tirar a importância de sua contribuição. E, de fato, durante o Renascimento, a Idade Média era vista como uma época obscura que convinha deixar de lado e superar o mais breve possível. Na Idade Média certamente aconteceram fatos que justificam essa visão. Por exemplo, o que conhecemos como Inquisição, isto é, a instituição dedicada a combater a heresia no seio da Igreja Católica, foi fundada durante a Idade Média e teve então seu período mais cruento. Convém lembrar, contudo, que a Inquisição só foi abolida na Espanha no século XIX.

Se a Idade Média ou Era Medieval muitas vezes é considerada uma época obscura e atrasada social e culturalmente, não podemos esquecer que nessa época se assentaram as bases que dariam suporte para o nascimento da modernidade. Cada vez mais historiadores veem a Idade Média como um período de fertilidade e de crescimento intelectual. O sistema escolar, por exemplo, começou a se desenvolver nessa época, e nela nasceram também as primeiras universidades.

A Idade Média divide-se em três grandes períodos: a Alta (ou Antiga) Idade Média, que vai do século V ao século IX; a Idade Média Plena (ou Clássica), do século IX ao século XI, e a Baixa (ou Tardia) Idade Média, do século XI ao XV. Embora o movimento teológico e filosófico mais importante, conhecido como Escolástica, tenha seu apogeu durante a Baixa Idade Média, antes também houve figuras e acontecimentos muito importantes do ponto de vista do desenvolvimento de nossa cultura. Santo Agostinho, por exemplo, um dos padres da Igreja Latina, nasceu no alvorecer da Idade Média; sua vida pode servir muito bem para o estudo da transição da Antiguidade tardia para o início dessa época repleta de luzes e sombras que denominamos Idade Média.

Santo Agostinho: mundano e místico

Santo Agostinho, também conhecido como Agostinho de Hipona, é uma das figuras mais importantes da Igreja Latina e, talvez, a mais ilustre.

Nasceu em Tagaste, uma pequena cidade da África romana, no ano de 354 d.C. Sua mãe foi Santa Mônica, uma mulher profundamente devota que sofria muito ao ver o filho afastar-se dos caminhos ensinados na religião cristã. O próprio Santo Agostinho chegaria a dizer que era "filho das lágrimas de sua mãe".

Santo Agostinho era um jovem brilhante que se destacava por sua grande inteligência e extraordinária capacidade para a retórica, que é a arte de embelezar os discursos e convencer pelas palavras.

Estudou em Cartago e tornou-se uma figura muito popular entre seus companheiros. Ganhava muitos concursos de poesia e gostava muito da fama e das lisonjas. Quando jovem, deixou-se levar pelas paixões mundanas e buscava o prazer com as mulheres. No entanto, sempre se entregou com seriedade aos estudos, especialmente a literatura clássica e a filosofia.

Em uma das suas principais obras, as *Confissões*, o próprio Santo Agostinho fez uma crítica muito severa e amarga de sua juventude. Aos 19 anos, a leitura de Cícero levou-o a dedicar-se totalmente ao estudo da filosofia, à busca da verdade.

Antes de abraçar o cristianismo, professou diferentes doutrinas, entre elas o maniqueísmo: uma seita religiosa de sua época fundada por um sábio persa. Depois de vários anos pertencendo a essa fé, desencantou-se ao se convencer de que era impossível encontrar a verdade, transformando-se então em cético.

Um dia Santo Agostinho teve uma visão. Passeava pela orla do mar pensando em muitos problemas acerca de Deus, quando encontrou um menino que brincava na areia. O menino fizera um buraco na areia e a cada momento corria até o mar para encher um balde com água e depois o entornava no buraco.

Santo Agostinho perguntou-lhe o que fazia, e o menino lhe respondeu:

— Estou pegando toda a água do mar para colocá-la neste buraco.

— Mas isso é impossível – observou o filósofo.

Ao que o menino respondeu:

— Mais impossível é o que você está tentando fazer: compreender em sua pequena mente o imenso mistério de Deus.

Santo Agostinho passou a se dedicar à reflexão e partiu para Roma, que era então a capital do Império, junto com sua mãe. Foi ali que aconteceu sua autêntica e definitiva conversão ao cristianismo.

O problema do mal

O que na história da filosofia se conhece como o "problema do mal" é o problema que surge quando procuramos conciliar a existência do mal e do sofrimento no mundo com a ideia de um Deus bondoso e onipotente. Se Deus tudo pode e é bondoso, por que permite que exista o sofrimento no mundo?

Durante a Idade Média os filósofos refletiram muito sobre essa questão e chegaram a diferentes soluções. Vejamos qual foi a de Santo Agostinho.

Santo Agostinho sustentou uma célebre e complicada discussão com os maniqueístas a respeito da origem do mal. Os maniqueístas defendiam a Teoria das Duas Almas. Eles acreditavam que uma parte da alma da pessoa provinha de Deus e a outra, das trevas. Esta última não teria sido criada por Deus e é própria da carne. À medida que no homem triunfa e domina a escuridão e a matéria ou a luz e o divino, essa pessoa age ou de acordo com o bem ou de acordo com o mal.

Santo Agostinho não acreditava na teoria das almas e pensava que o mal surge da vontade do homem, pois ele é livre.

O grande problema, segundo os maniqueístas, era que, se o mal tem origem na pessoa e esta provém de Deus, então o mal de algum modo também provém de Deus, e isso lhes parecia inconcebível.

Santo Agostinho não compartilhava das crenças dos maniqueístas e, para defender sua teoria, afirmou que há dois tipos de mal: aquele que é cometido pelo homem, pelo qual este é o único responsável, e aquele que o homem sofre por ter pecado. Deus é o autor deste segundo tipo de mal.

Resumindo, os dois males existentes são o pecado e o castigo pelo pecado. Este segundo mal é justo, pois a pessoa malvada é responsável pelo mal que comete e deve ser julgada, uma vez que peca livremente e por sua própria vontade.

Santo Tomás de Aquino ou de que maneira a razão e a fé podem se unir

O filósofo e teólogo Tomás de Aquino nasceu na cidade italiana de Aquino, em 1225, e é o principal representante da tradição Escolástica, além de fundador do que se conhece pelo nome de Escola Tomista de Filosofia. A expressão "tomista" origina-se de seu próprio nome.

Santo Tomás pertencia a uma família nobre e, como se costumava fazer em sua época, foi educado em um mosteiro, com os monges beneditinos. Contudo, em vez de ingressar nessa ordem, tal como se esperava, aos 19 anos seguiu para a França a fim de entrar na ordem dos frades dominicanos. Seus irmãos, então, o raptaram e o levaram de volta para casa. Durante um ano o retiveram à força no castelo da família fazendo todo o possível para que ele mudasse de ideia. Porém, Santo Tomás continuou firme em sua decisão e finalmente fugiu, não deixando alternativa à sua família que não a de ceder.

Na Idade Média não havia uma separação entre filosofia e teologia, e os filósofos dedicavam-se principalmente a tentar demonstrar que a filosofia e a religião não tinham motivos para se confrontar, isto é, que a fé e a razão eram compatíveis.

Podemos dizer que, de algum modo, Santo Agostinho cristianizou a filosofia de Platão, ou seja, interpretou-a e explicou-a de modo que ela não fosse vista como uma ameaça para a religião cristã. Dessa mesma maneira, Santo Tomás dedicou-se a demonstrar que a filosofia de Aristóteles era perfeitamente compatível com o cristianismo.

Para a filosofia tomista, a fé e a razão são caminhos que nos levam ao mesmo lugar. Assim, através de seus argumentos e seu sistema filosófico, Aristóteles chega à ideia de que deve existir necessariamente um "motor imóvel", causa ou origem do movimento de todos os outros seres. Tomás de Aquino, por sua vez, demonstra que essa ideia se encaixa perfeitamente com a crença cristã de um Deus criador de todas as coisas, isto é, um Deus que é causa de todo o universo.

Em suma, em seu anseio de conciliar os ensinamentos da filosofia e a razão com a revelação cristã ou a fé, Santo Tomás esforça-se para demonstrar que, toda vez que Aristóteles nos demonstra algo que nossa razão reconhece como verdadeiro, essa verdade jamais entra em contradição com a doutrina cristã, pois só existe uma única verdade, que é a mesma para todos os homens.

Santo Agostinho disse...

"A medida do amor é amar sem medida."

"Dois amores fundaram, pois, duas cidades, a saber: do amor-próprio até o desprezo de Deus, a terrena, e do amor de Deus até o desprezo de si mesmo, a celestial."

"Dá o que tens para mereceres o que te falta."

"O que é amar a Deus? Perguntei à terra e ela me disse: 'Não sou Deus.' Interroguei o mar e os abismos, e eles responderam: 'Não somos teu Deus, procura-o acima de nós.' Perguntei, então, às suaves brisas e ao ar com seus habitantes. Disseram-me: 'Não somos Deus.' Perguntei ao sol, à lua, às estrelas e, em coro, me disseram: 'Não somos o Deus que andas buscando.' E eu disse a todas as coisas que estavam em torno dos meus sentidos: 'Todas declararam que não são meu Deus; está bem. Mas o que podem me dizer sobre ele?' E todas responderam clamando em voz alta: 'Ele nos criou.' Eu as interrogava com minha contemplação; elas me respondiam com sua beleza.

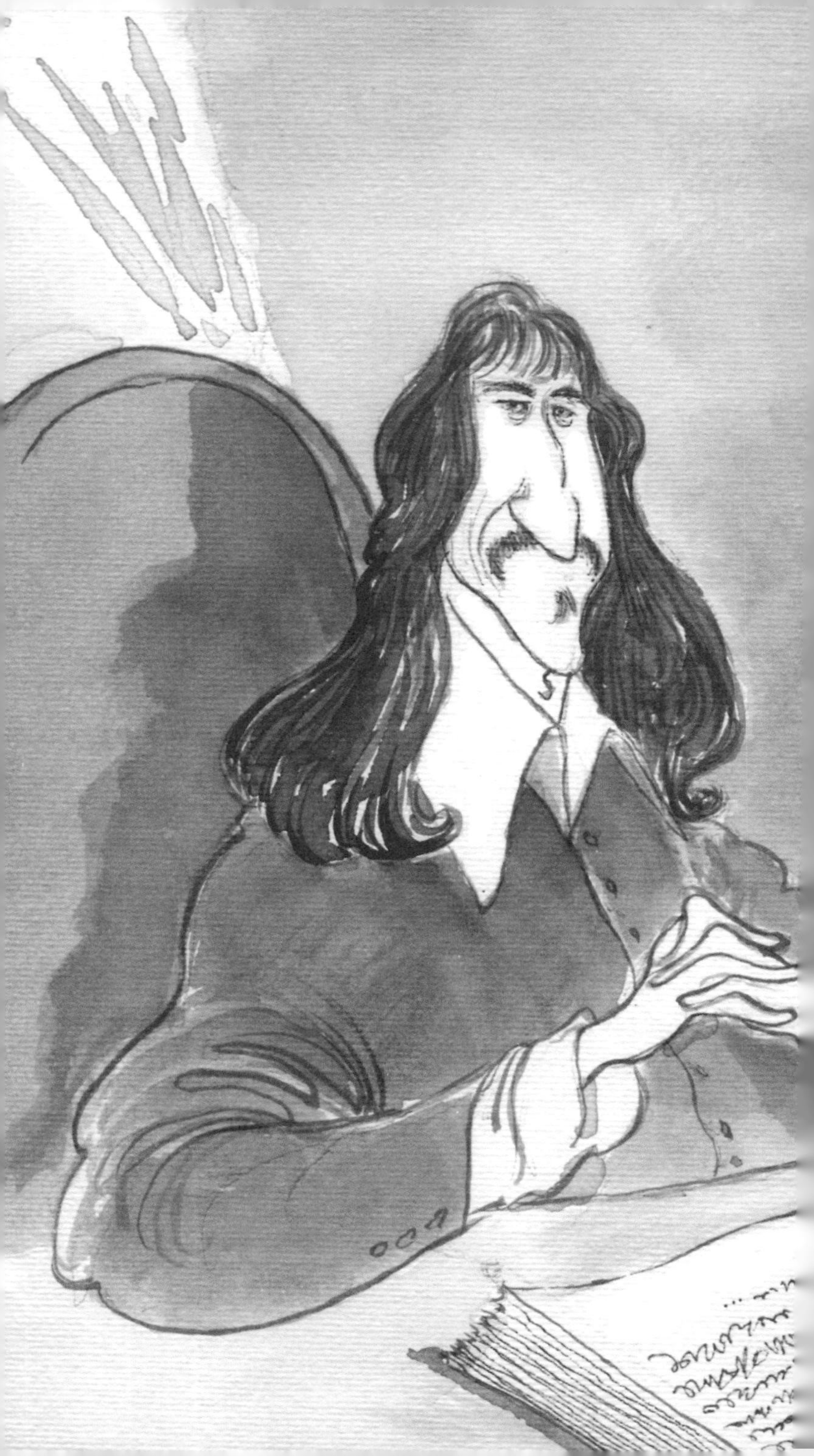

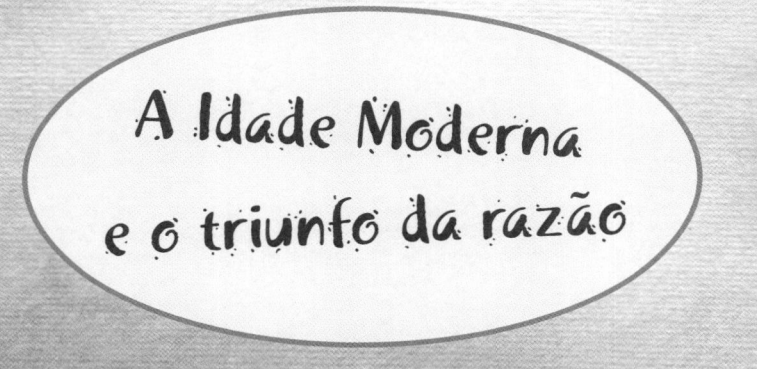

A Idade Moderna e o triunfo da razão

Descartes, pai da filosofia e da ciência moderna

René Descartes é o filósofo que marca, na história da filosofia, o final da Idade Média e o início da Idade Moderna, a terceira das etapas em que tradicionalmente se divide a história do Ocidente. Os que identificam a Idade Média como um período obscuro veem na Idade Moderna o triunfo de valores como o progresso, a comunicação e a razão. O fato é que Descartes quis fazer uma espécie de "virar a página" na história da filosofia, e sua perspectiva realmente marcou um novo começo.

Ainda menino, Descartes foi enviado a um colégio de jesuítas, onde recebeu uma formação muito rigorosa. Desde jovem sua saúde era muito frágil e, por isso, durante seus anos de estudante na universidade tinha o privilégio de permanecer na cama até mais tarde no período da manhã, em seu quarto, junto à lareira, estudando embaixo dos cobertores.

Sua fama intelectual cresceu tanto na Europa que, certa vez, a própria rainha Cristina, da Suécia, convidou-o para sua corte a fim de que ele se tornasse seu professor pessoal. Essa honra custou-lhe a vida. Devido à fragilidade de sua saúde, estava acostumado a dormir até dez horas diárias e a permanecer muito tempo na cama meditando e lendo. No palácio da Suécia, no entanto, via-se obrigado a iniciar suas aulas às cinco da manhã, sob um frio polar.

A triste consequência dessa mudança tão drástica em seus costumes foi a morte, quatro meses depois de chegar à Suécia, aos 53 anos de idade.

Descartes era um filósofo claramente racionalista, pois, seguindo a tradição que marcaram Sócrates e Platão e continuada por Santo Agostinho, afirmava que a razão é o único meio para chegar ao conhecimento. Contudo, foram três curiosos sonhos que teve durante uma noite que o impeliram a repensar os fundamentos de toda a ciência e da filosofia ocidental. Vejamos quais foram esses misteriosos e decisivos episódios noturnos.

No primeiro sonho, Descartes encontrava-se em uma rua onde ventava muito e, como tinha problemas com a perna direita, sempre estava prestes a perder o equilíbrio e cair. Alguns amigos, então, o socorriam, mas mesmo assim ele mal conseguia manter-se de pé.

Depois desse primeiro sonho, o filósofo acordou agitado, mas foi vencido pelo cansaço e voltou a dormir.

Em seguida, sonhou que um relâmpago explodiu em seu quarto. Acordou assustado e, após dar voltas e voltas em sua cama inquieto, finalmente voltou a adormecer.

No terceiro sonho, viu imediatamente um livro sobre uma mesa; abriu-o ao acaso e nele encontrou esta pergunta:

"QUE CAMINHO TOMAREI NA VIDA?"

No dia seguinte, o filósofo fez sua interpretação pessoal dos sonhos.

O primeiro sonho, em que o vento o fazia perder o equilíbrio, referia-se aos erros do passado. No segundo, o trovão e o poderoso relâmpago aludiam ao poder da razão e à sua capacidade de iluminar a mente. O terceiro sonho assinalava o caminho do conhecimento verdadeiro.

O próprio Descartes interpretou seus sonhos e acreditou que eles apontavam a iluminação e a unificação de toda a ciência através de um único método: o método da razão.

Não deixa de ser curioso que essa ideia, pedra angular da filosofia moderna, com sua confiança na luz e no poder da razão, tenha surgido em uma escura noite de inverno, na qual um homem se agitava em sonhos.

Penso, logo existo

A principal obra de René Descartes intitula-se *Discurso do Método*. Talvez você se surpreenda ao saber que a palavra "método" vem do grego e significa "caminho". Descartes deu esse nome a sua obra precisamente por pensar que havia encontrado um caminho ou método para chegar ao conhecimento verdadeiro.

O método cartesiano tem suas regras. A primeira e mais importante talvez lhe pareça muito simples, mas não é. Trata-se de jamais considerar algo verdadeiro se não temos certeza absoluta de que ele é verdadeiro. Parece-lhe simples? Convido-o a pensar um pouco. Ter certeza absoluta de algo significa que não temos a menor possibilidade de ter dúvidas sobre ele.

Descartes dedica boa parte de seu *Discurso do Método* a nos demonstrar que é possível duvidar de tudo, ou melhor dizendo... de quase tudo. Os sentidos, para começar, nos enganam com muita frequência. Quantas vezes, por exemplo, sonhamos e, no entanto, acreditamos estar despertos? Acaso não poderíamos estar dormindo agora mesmo, sem sabê-lo?

Depois de nos convencer de que podemos duvidar de tudo, Descartes demonstra que há uma única coisa da qual podemos estar seguros; que existe uma única certeza absoluta em que podemos apoiar todo o nosso conhecimento. Ainda que duvidemos, a única coisa de que não podemos duvidar é de que estamos duvidando. A própria dúvida é a certeza. Se duvido, isso significa que existo. A conclusão a que chega Descartes será a base de toda filosofia moderna e expressa-se assim: "Penso, logo existo." Se algum dia você decidir estudar Descartes, é mais provável que encontre essa frase escrita em latim: "*Cogito, ergo sum.*"

Resumindo, não podemos duvidar da própria dúvida. Não posso duvidar que estou pensando; se penso, sou obrigado a deduzir que existo. Descartes explicava-o assim:

"Considerando que os mesmos pensamentos que temos quando estamos despertos podem também ocorrer quando dormimos, sendo que neste caso nenhum será verdadeiro, resolvi fingir que todas as coisas que até então haviam entrado em meu espírito não eram mais certas que as ilusões de meus sonhos. No entanto, em seguida percebi que, mesmo querendo pensar desse modo, que tudo é falso, era necessário que eu, que o pensava, fosse alguma coisa. E, ao perceber que esta verdade – penso, logo sou – era tão firme e segura que as suposições mais extravagantes dos céticos não eram capazes de afetá-la, considerei que poderia aceitá-la sem escrúpulos como o primeiro princípio da filosofia que buscava."

A maçã de Newton

O físico, filósofo e matemático inglês Isaac Newton viveu entre 1642 e 1727. A principal descoberta desse cientista foi a lei da gravitação universal ou lei da gravidade. Com ela, Newton pôde demonstrar que as leis que regem o movimento da Terra são as mesmas leis que regem o movimento dos corpos celestes. A obra de Newton é considerada o apogeu da revolução científica ocorrida em sua época.

Existe uma anedota amplamente divulgada sobre o modo como Newton chegou à descoberta da lei da gravidade. Ao que parece, um dia ele estava descansando embaixo de uma macieira e um fruto caiu-lhe na cabeça.

Newton começou, então, a refletir profundamente sobre a causa que levaria todos os corpos a seguir uma linha que, prolongando-se, chegaria até o centro da Terra. Daí surgiu a base que o levaria a formular a lei da gravidade.

É bem provável que a anedota da maçã não passe de uma lenda; seja como for, ela nos recorda que muitas descobertas de grande importância científica às vezes surgem de maneira casual e inesperada, e que um cientista precisa ter imaginação e manter os olhos bem abertos.

Descartes disse...

"Viver sem filosofar é, precisamente, ter os olhos fechados sem cuidar de abri-los jamais."

"Daria tudo que sei pela metade do que ignoro."

"Seria absurdo que nós, que somos finitos, tratássemos de determinar as coisas infinitas."

"O pouco que tenho aprendido carece de valor, comparado ao que ignoro e ao que não perco a esperança de aprender."

"Desprenda-te de todas as impressões dos sentidos e da imaginação, e não te fies senão na razão."

"Para investigar a verdade é preciso duvidar de todas as coisas."

"Divide o problema que examinas em tantas partes quantas for possível para sua melhor solução."

O Iluminismo e seu lema: Atreva-se a pensar!

Chamamos de Iluminismo a corrente filosófica que dominou a Europa, especialmente a França e a Inglaterra, durante todo o século XVIII – conhecido como o Século das Luzes – e que colocava ênfase no papel da razão e do saber humano. Trata-se de um fenômeno ou movimento cultural que teve consequências em aspectos sociais, econômicos e políticos da vida em sociedade.

O pensamento europeu atravessava uma onda de mudanças naquela ocasião. A filosofia natural de Newton, sem ir muito além, é um bom exemplo, pois sua maneira de confrontar-se com a ciência, através de provas e observações físicas rigorosas e verificáveis, supõe uma verdadeira revolução. De fato, ainda que normalmente se diga que o Iluminismo nasceu na França, devemos considerar que muitos filósofos franceses visitaram a Inglaterra e ficaram fascinados com filósofos ingleses como Locke, e sobretudo com Newton e sua física universal.

Os filósofos do Iluminismo tinham uma confiança praticamente ilimitada no poder da razão humana e ansiavam por demonstrar que ela não apenas rege as leis da natureza, mas também pode ser transformada em base para a edificação da moral, da religião e de todas as ciências humanas.

O filósofo alemão Immanuel Kant era tão ligado ao espírito do Iluminismo que chegou a escrever um célebre artigo intitulado "O que é o Iluminismo?". A definição que ele apresenta tornou-se célebre: "O Iluminismo é a libertação do homem de sua menoridade, da qual ele próprio é culpado." Assim, Kant quis dizer que os homens, em geral, não estavam acostumados a usar a inteligência por si mesmos, sem ser guiados por outros. E acreditava que, se os homens podem ser considerados culpados por essa atitude, então o que lhes falta não é inteligência própria, mas capacidade de decisão e coragem para usá-la sem a tutela de outro. Isso levou Kant a propor o seguinte lema do Iluminismo: *Sapere aude!* Atreva-se a saber! Em outras palavras, tenha a coragem de servir-se de sua própria razão.

Kant, um professor com suas rotinas

Immanuel Kant nasceu em um pequeno povoado da Prússia chamado Königsberg e, apesar de ainda em sua época ter sido um filósofo muito respeitado em toda a Europa, o máximo que chegou a se afastar de sua cidade natal foi uma centena de quilômetros e apenas durante alguns meses, por motivo de trabalho.

Curiosamente, em seus momentos de lazer era um ávido leitor de obras com descrições de viagens. Conta-se que, em certa ocasião, na universidade descreveu com tanta precisão a arquitetura da ponte de Westminster, que um estudante inglês lhe perguntou quando havia estado em Londres.

Por outro lado, a vida de Kant era extraordinariamente metódica e rotineira. Seus vizinhos de Königsberg sabiam que todas as tardes o filósofo saía para um passeio seguindo sempre o mesmo caminho e precisamente à mesma hora. Esse passeio chegou a se converter em uma espécie de marco horário – ao vê-lo, todos ajustavam as horas em seus relógios –, e essa rotina chegou ao ponto de, no único dia em que ele não fez esse passeio, seus vizinhos se inquietarem acreditando que algo lhe acontecera.

Felizmente, Kant só se esquecera de seu passeio naquela tarde por estar compenetrado lendo um livro de Jean-Jacques Rousseau, um filósofo francês que ele admirava.

Críticas kantianas

A filosofia de Kant encaixa-se perfeitamente em seu caráter meticuloso e regular, uma vez que ele elaborou um sistema filosófico completo, perfeitamente ordenado, organizado e coerente.

Em sua grande obra *Crítica da razão pura*, Kant interessou-se pelo problema do conhecimento humano. Perguntou-se o que era conhecer e sobre como podemos conhecer os homens. E, o mais importante, perguntou-se sobre os limites desse conhecimento, até onde podemos chegar a saber.

Essa parte de sua filosofia orientou-se pela pergunta: **"O que posso saber?"**

Em sua *Crítica da razão prática*, por outro lado, interessou-se pela moral. Perguntou-se como o homem deve agir e se a liberdade é possível ou não. Aqui a pergunta que Kant se fez foi: **"O que devo fazer?"**

Finalmente, na terceira de suas críticas, *Crítica do juízo*, ele se interessou pela arte e pela capacidade do homem de ficar encantado com a beleza.

Kant também analisou o papel da religião, sempre dentro dos limites da razão e não como um saber dogmático imune a qualquer tipo de questionamento. Ao refletir sobre a religião e sua relação com a razão e o saber humano, Kant se perguntou: "O que me é permitido esperar?"

Kant chegou à conclusão de que o homem precisa acreditar em Deus e na imortalidade da alma, mas que só pode chegar a essa imortalidade através da fé. Ao contrário de Aristóteles, de Descartes ou de Santo Tomás, Kant nega a possibilidade de uma prova racional da existência de Deus. Para Kant, crer que Deus existe é o mesmo que racionalmente acreditar que ele não existe, mas para o homem é moralmente necessário assumir a existência de Deus.

Kant disse...

"Não é possível evitar certo desencanto ao contemplar a grande agitação dos homens no grande palco do mundo; e, apesar do esporádico surgimento da prudência, ao final parece-nos que o tapete humano se tece com fios de loucura, insensatez infantil e, não raro, de maldade e ânsia destrutivas também infantis; e ninguém sabe que conceito formar de nossa espécie, que tão elevada ideia tem de si mesma."

"Se o homem não pode suportar bem os seus congêneres humanos, tampouco pode viver sem eles."

"Todo o interesse da razão concentra-se nestas três perguntas:
O que posso saber?
O que devo fazer?
O que me é permitido esperar?"

"O sábio pode mudar de opinião. O ignorante, nunca."

"A paciência é a fortaleza do fraco e a impaciência, a fraqueza do forte."

"Procede sempre de modo que tua conduta possa servir de princípio a uma legislação universal."

"Apenas pela educação uma pessoa pode chegar a ser pessoa. O ser humano não é nada além daquilo que a educação faz dele."

"Duas coisas enchem minha alma de crescente admiração e respeito: o céu estrelado sobre mim e a lei moral dentro de mim."

MARX

Marx, Darwin, Freud: três mestres da suspeita

Os filósofos da suspeita

Geralmente, quando em filosofia se fala dos mestres ou filósofos "da suspeita", alude-se a Marx, Freud e Nietzsche, três pensadores do século XIX que empreenderam uma crítica ao racionalismo dominante em sua época e, com ela, um questionamento das bases da civilização ocidental. Cada um em sua área quis assinalar que por trás da razão há algo mais profundo e mais oculto. Com frequência também se coloca Darwin ao lado deles, e são muitas as razões que o justificam.

Marx passou 34 anos de sua vida em Londres, na mesma época que Darwin, de quem se declarava grande admirador. Chegou até a querer dedicar a ele sua grande obra, *O capital*, porém Darwin não aceitou. Após a morte de Marx, Engels, seu grande amigo e colaborador, disse o seguinte: "Do mesmo modo que Darwin descobriu as leis do desenvolvimento da evolução da natureza orgânica, Marx descobriu as leis do desenvolvimento da evolução histórica da humanidade."

Quanto a Freud, assim como Marx e Darwin, também passou os últimos anos de sua vida em Londres e, como Marx, também quis demonstrar a relação entre sua obra e a do grande biólogo. Entre outras coisas, afirmou que tanto a Teoria da Evolução de Darwin como sua própria Teoria Psicanalítica (vamos falar dela mais adiante) atacavam duramente "o ingênuo amor-próprio da humanidade".

Freud dizia que, ao longo da história, o ser humano sofrera três grandes humilhações. A descoberta, graças a Galileu, de que não somos o centro do universo, pois a Terra gira em torno do Sol, e não o contrário; a descoberta, graças a Darwin, de que não somos o apogeu da criação, pois não descendemos diretamente de Adão e Eva, e sim dos animais; e sua própria descoberta de que não controlamos plenamente nossa mente.

Marx e a sociedade industrial

Entre finais do século XVIII e princípios do XIX, o mundo passou por uma profunda mudança com a chamada Revolução Industrial, quando o trabalho manual foi substituído pela produção em fábricas. Isso trouxe muitas vantagens, mas também criou novos e enormes problemas. Era preciso pensar sobre isso!

Um dos que se dedicaram mais seriamente ao tema foi Karl Marx. Este filósofo alemão, pertencente a uma família judia de classe média, nasceu na Prússia, em 1818, e morreu em Londres, em 1883. Na década dos anos 1830, foi testemunha da primeira grande crise do capitalismo (um sistema econômico em que ele via "a exploração do homem pelo homem") e, por isso, se propôs desenvolver uma teoria econômica que daria uma explicação a essa crise.

Marx preocupava-se com as consequências sociais da Revolução Industrial. Os salários dos trabalhadores eram muito baixos e os das mulheres mais ainda; a jornada de trabalho era excessiva; faltavam medidas de higiene e segurança, e até crianças eram exploradas. O uso de máquinas havia levado à desumanização do trabalho, e os operários viviam amontoados nos subúrbios das grandes cidades. O que havia falhado?

Embora Marx não tenha sido o primeiro a se preocupar com os problemas da sociedade, e tampouco o primeiro socialista, a forma como ele apresentava suas ideias era muito diferente da dos socialistas anteriores, cuja filosofia era mais romântica e utópica, e não tão prática e centrada na ação.

Marx sabia muito bem o que deveria ser feito para mudar o mundo e queria que suas ideias levassem os homens à ação.

O marxismo

Marx estudou filosofia em Berlim e desde o princípio interessou-se pela realidade de seu tempo.

Trabalhou como redator de um jornal que sofreu intervenção da censura e foi obrigado a exilar-se em Paris. Foi ali que conheceu Engels, um filósofo que se tornaria seu principal amigo e colaborador durante muito tempo.

Seus escritos e sua fama de revolucionário também o levaram a ser expulso da França; estabeleceu-se, então, em Bruxelas e ali fundou a Liga dos Comunistas e uma nova publicação.

Novamente expulso, por fim instalou-se em Londres. Ali fundou a Primeira Internacional, uma organização de trabalhadores que se propunha unir os operários de diferentes países para lutar por seus direitos.

O grande objetivo dessa instituição era organizar os trabalhadores da Europa e do resto do mundo. O grande lema ou ordem da Internacional era:

"PROLETÁRIOS DO MUNDO, UNI-VOS!"

Unir-se em quê? Principalmente na luta contra a sociedade de classes, pois na diferença das classes sociais está, segundo Marx, a origem de toda desigualdade.

Durante sua estada em Londres, Marx também escreveu o que seria, junto com o Manifesto Comunista, sua obra mais importante: *O capital*. Essa obra custou-lhe mais de dezoito anos de trabalho.

Marx afirma que todo o funcionamento da sociedade moderna gira em torno do capital, isto é, do dinheiro, e por isso é indispensável criticar a economia, conhecer seu funcionamento e suas leis, para entender o que se passa em nossa sociedade.

Marx disse...

"Até agora os filósofos têm se limitado a interpretar o mundo; mas o que importa é transformá-lo."

"O motor da história é a luta de classes."

"A desvalorização do mundo humano cresce à medida que aumenta o valor do mundo das coisas."

"O operário tem mais necessidade de respeito que de pão."

"Os seres humanos fazem sua própria história, ainda que sob circunstâncias influenciadas pelo passado."

"A religião é o ópio do povo."

"Os despossuídos têm um mundo a ganhar."

O jardim zoológico de Darwin

O biólogo britânico Charles Darwin apresentou a Teoria da Evolução, que continua válida ainda hoje, embora algumas comunidades cristãs permaneçam fiéis ao criacionismo, ou seja, consideram que cada um dos seres que povoam a terra foi criado individualmente por Deus. Segundo essa interpretação literal das Sagradas Escrituras, a humanidade inteira descenderia de Adão e Eva.

Darwin não acreditava em nada disso quando, em 1831, aos 22 anos de idade, embarcou no Beagle na qualidade de naturalista, em uma expedição científica ao redor do mundo.

Essa viagem duraria cinco longos anos, durante os quais o autor de *A origem das espécies* mediu as profundezas marinhas e estudou as grandes correntes oceânicas. Além disso, em seu papel de naturalista, frequentemente abandonava o navio para recolher amostras de flora e fauna exóticas. Foi graças a essas observações que ele constatou que as espécies evoluíam de diferentes modos, de acordo com o lugar e as condições de vida em que se encontravam.

Em seu regresso, publicou seu diário de viagem e transformou-se em celebridade científica em seu país, sendo eleito secretário da Sociedade Geológica de Londres.

Nossos antepassados, os macacos

Após ler um ensaio do economista britânico Thomas Malthus, segundo o qual, na luta pela sobrevivência, só os mais fortes triunfariam, Darwin elaborou a Teoria da **Seleção Natural**.

Ele partiu do princípio de que todos os seres vivos se originam de um mesmo tronco e que as espécies atuais são o resultado de uma seleção natural que ocorre há milhares de anos. Em outras palavras: em cada espécie, os indivíduos que melhor se adaptam ao meio sobrevivem e, portanto, transmitem seus genes para as gerações futuras.

Embora em 1859 Darwin já tivesse publicado *A origem das espécies*, o escândalo só explodiu em 1871, com a publicação de *A origem do homem*, em que ele explicava que o ser humano é a evolução natural de um animal parecido com o macaco. Essa afirmação provocou grande revolta, especialmente nas instituições religiosas, que se negavam a acreditar que Adão e Eva... tinham o corpo coberto de pelos e viviam em árvores!

Darwin chegou a essa conclusão depois de perceber, em sua viagem, que todas as espécies têm uma origem comum. O naturalista inglês classificou, por exemplo, diferentes tipos de tentilhões: os pica-paus, os toutinegras, os arborícolas, os terrestres, os "vampiros" e os que se alimentam de insetos. No entanto, todos se originam de um único tentilhão primitivo que, ao se espalhar pelas ilhas da América do Sul, adaptou-se a cada lugar, desenvolvendo características próprias.

O mesmo havia ocorrido com o ser humano, que, segundo Darwin, é uma evolução bem-sucedida de nossos antepassados, os macacos.

Engenharia genética

Charles Darwin foi o precursor da atual engenharia genética, que tem causado polêmica ao procurar selecionar artificialmente as características de uma espécie ou até criar espécies que nunca existiram.

Acompanhe a seguir a "evolução" da genética e suas grandes descobertas até a atualidade:

1859 – Charles Darwin publica *A origem das espécies*.

1865 – Gregor Mendel publica suas leis sobre a genética, segundo as quais certas características (nas ervilhas, por exemplo, a cor ou a rugosidade) são herdadas através dos genes.

1910 – Thomas Hunt demonstra que os genes residem nos cromossomos, pequenas estruturas em forma de bastonetes; cada espécie possui um número determinado de cromossomos em cada célula: nós, os seres humanos, temos 46.

1944 – Avery, McLeod e McCarty demonstram que o DNA (ácido desoxirribonucleico) é um mapa químico que guarda o código dos genes; portanto, o DNA de uma espécie permite fabricá-la e até mesmo modificá-la.

1953 – J. D. Watson e F. Crick descobrem que o DNA se estrutura em forma de dupla-hélice, isto é, seus componentes formam um par de longas cadeias.

1996 – A ovelha Dolly é o primeiro mamífero clonado a partir de uma célula adulta. Foi sacrificada sete anos mais tarde, em decorrência de uma enfermidade pulmonar causada pelo envelhecimento precoce.

2003 – Termina o estudo sobre o genoma humano, que decifrou 99% da informação contida em nosso código genético.

Darwin disse...

"Não obtivemos nenhuma demonstração científica de que cada espécie foi criada independentemente."

"A história se repete. Esse é um dos erros da história."

"A ignorância gera confiança com mais frequência que o conhecimento: são os que sabem pouco, e não os que sabem mais, que afirmam com tanta convicção que este ou aquele problema jamais será resolvido pela ciência."

"Não é a espécie mais forte a que sobrevive, nem tampouco a mais inteligente, mas aquela que melhor responde às mudanças."

"Para mim é difícil acreditar que alguém deseje que o cristianismo seja verdadeiro; porque, nesse caso, a linguagem comum do texto afirma que os que não têm fé, e isso incluiria meu pai, irmãos e quase todos os meus amigos, serão condenados para sempre. E essa é uma doutrina detestável."

"As amizades de uma pessoa são um bom barômetro de seu próprio valor."

Freud e a descoberta do inconsciente

Sigmund Freud foi o famoso médico e neurologista de origem judaica que fundou a psicanálise. Nasceu na República Tcheca e estudou em Viena, onde residiu a maior parte de sua vida, até que, com a chegada do nazismo, viu-se obrigado a fugir para Londres.

Em 1883, depois de trabalhar durante vários anos como ajudante de laboratório, passou a se dedicar à psiquiatria no Hospital Geral de Viena. Três anos mais tarde abriu um consultório particular. A partir daí, começou a experimentar diferentes métodos para tratar seus pacientes e descobrir os traumas ocultos que desencadeavam doenças mentais.

Um dos primeiros métodos que utilizou foi a hipnose. Mais tarde, abandonou-a para adotar a livre associação (que veremos mais adiante) e a análise dos sonhos. Foram esses métodos que levaram Freud à descoberta daquilo que ele chamou de inconsciente.

Para entender o que é o inconsciente podemos partir de nossa própria linguagem cotidiana. Quando dizemos que somos inconscientes de algo, queremos dizer que ignoramos ou desconhecemos esse algo. O inconsciente é formado, segundo Freud, por tudo aquilo que está em nossa mente, mas não sabemos que está. Freud descobriu que muitas vezes essas coisas que estão em nós sem que o saibamos, essas coisas que estão apenas em nosso inconsciente, afetam nosso comportamento, nossas decisões, nossos relacionamentos com outras pessoas. Trazer à consciência esses sentimentos, recordações ou sofrimentos que permanecem ocultos é, para Freud, um passo importante para nos conhecermos melhor e nos tornarmos mais livres.

Imagine, por exemplo, que você não gosta de uma pessoa, mas não sabe por quê. Essa pessoa não fez nada para merecer sua antipatia, mas mesmo assim você não a aceita, embora se sinta mal por causa disso. Imagine agora que um dia você descobre que havia algo nessa pessoa, um traço físico, talvez, que lhe recordava outra pessoa que em algum momento de sua vida lhe causou algum tipo de sofrimento. Sem você saber, aquela experiência, talvez esquecida ou reprimida, diria Freud, estaria afetando uma relação de sua vida presente que na verdade nada tinha a ver com a outra.

Esse seria um exemplo de como a influência do inconsciente pode ir muito além de nossa vontade e nos revela por que pode ser bom e necessário trabalhar para tentar conhecê-lo melhor. Esse trabalho com o inconsciente é o que Freud denominava "psicoterapia".

Quando praticava a livre associação, por exemplo, Freud pedia que o paciente respondesse rapidamente, de maneira quase automática, a uma lista de palavras que ele ia dizendo. Sem conseguir controlar totalmente seus pensamentos, o paciente às vezes revelava aspectos de seu inconsciente. Freud entendia a mente como uma espécie de *iceberg* do qual emerge apenas uma pequena parte: as ideias e recordações de que temos consciência.

A interpretação dos sonhos

Em 1900, Freud publicou uma de suas obras mais importantes, *A interpretação dos sonhos*.

Nesse livro ele analisava alguns sonhos de pacientes, amigos e até de pessoas famosas, além de alguns de seus próprios episódios noturnos. Muitos dos conceitos que dariam origem à psicanálise já se encontravam naquela obra.

Ao estudar os sonhos, Freud concluiu que eles cumprem uma dupla missão: facilitar o descanso da pessoa e dar vazão aos desejos inconscientes.

De acordo com esta última missão, os sonhos expressariam, em linguagem simbólica, aquilo que realmente desejamos, muitas vezes sem ter consciência disso.

No capítulo VII do livro, Freud fala do célebre Complexo de Édipo, segundo o qual, durante os primeiros seis anos de vida, o menino sente atração por sua mãe e pode desenvolver um sentimento de aversão em relação ao pai.

Muito resumidamente, estas são as conclusões a que Freud chegou nesse ambicioso estudo:

a) A finalidade básica dos sonhos é dar vazão a nossos desejos.

b) Muitos de nossos desejos são inconscientes. Estão reprimidos na parte submersa do *iceberg* e não os conhecemos. Prova disso é que, mesmo querendo, não podemos sonhar com o que desejamos.

c) Ao dormir, emergem pensamentos e imagens que se ocultavam no inconsciente.

d) Essas ideias frequentemente aparecem disfarçadas. São símbolos de nossos desejos reprimidos.

e) Um analista de sonhos pode esclarecer o significado desses sonhos para a vida do paciente.

Durante toda a sua vida, Freud interessou-se pelos símbolos que apareciam nos sonhos, um tema que seu colaborador, Carl G. Jung, desenvolveria a fundo. No entanto, ao contrário do que comumente se pensa, Freud não acreditava que todos os símbolos que apareciam em sonhos tivessem um significado sexual.

Certamente, pensava que uma porta, em sonhos, muitas vezes podia significar uma vagina, assim como os objetos grandes e pontiagudos podiam simbolizar os genitais masculinos. Contudo, o próprio Freud afirmava com humor: "Às vezes um charuto é apenas um charuto."

Freud disse...

"Existem duas maneiras de ser feliz nesta vida: uma é fazer-se de idiota; a outra é sê-lo."

"O homem é dono do que cala e escravo do que fala."

"A ciência moderna ainda não produziu um medicamento tranquilizador tão eficaz como umas poucas palavras bondosas."

"Toda anedota, no fundo, encobre uma verdade."

"Se dois indivíduos estão sempre de acordo em tudo, posso garantir que um dos dois pensa por ambos."

"A verdade a cem por cento é tão rara como o álcool a cem por cento."

"Se a inspiração não vem a mim, parto ao encontro dela, à metade do caminho."

"Aonde quer que eu chegue com a ciência, sempre descubro que um poeta chegou antes de mim."

"Tenho sido um homem de sorte; nada na vida me foi fácil."

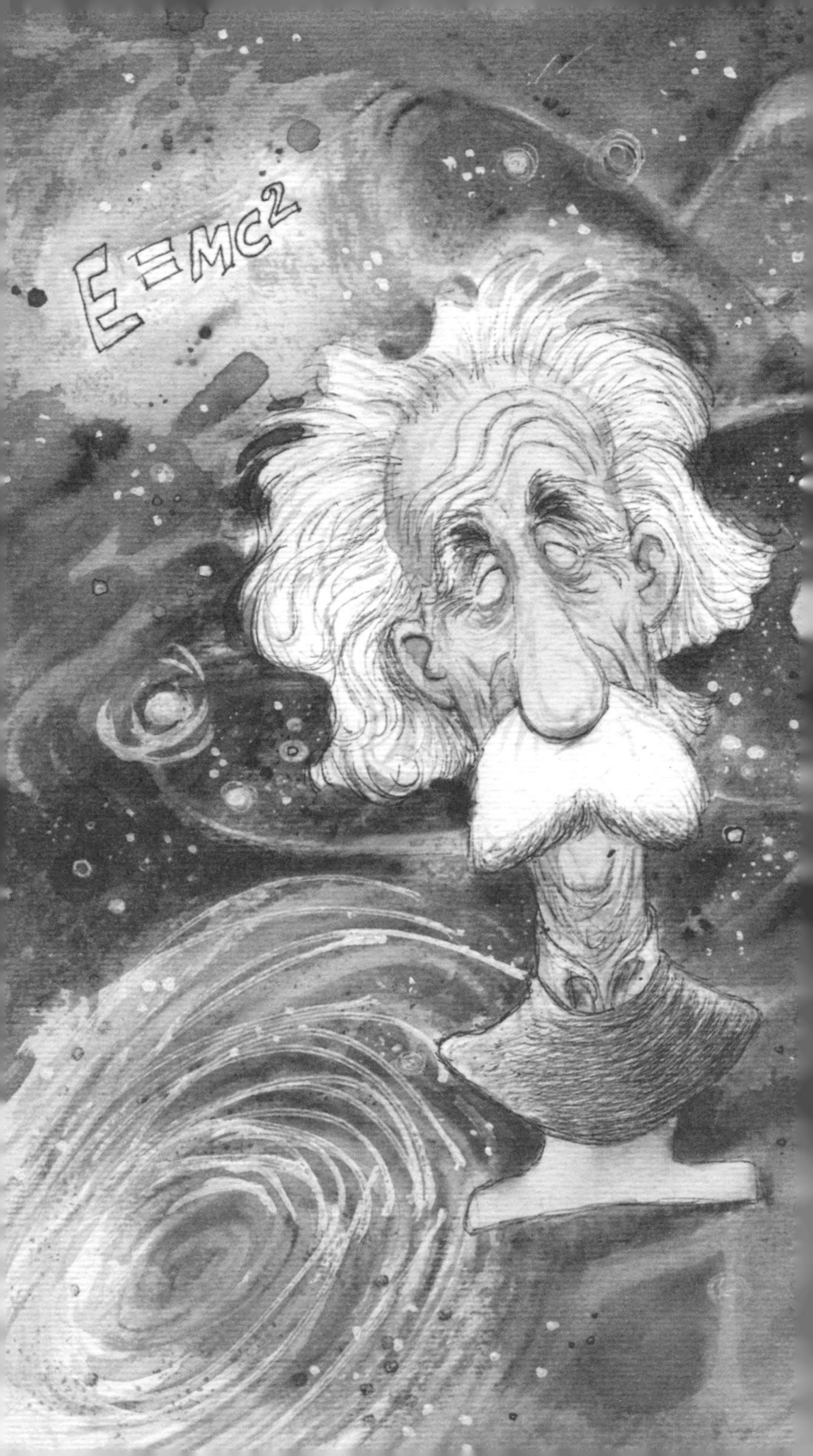
E=MC2

O século XX: a era da ciência e da tecnologia

Um século contraditório

Durante o século XX, os avanços das ciências e da tecnologia foram incalculáveis. Era de esperar que esses avanços servissem para melhorar as condições de vida de todos os seres humanos do planeta, mas a verdade está muito longe de ser esta. Duas guerras mundiais, genocídios, etnocídios, e a desigualdade entre pobres e ricos é cada vez maior e mais alarmante.

Contudo, sempre existiram e continuam a existir pessoas profundamente sensibilizadas com essas questões. É bom saber, por exemplo, que Albert Einstein, o cientista mais famoso e importante do século XX, mostrou um enorme grau de compromisso social, interessando-se profundamente pelas relações entre ciência e sociedade.

Com a ascensão do nazismo na Alemanha, Einstein foi acusado de criar uma "física judaica", em contraposição a uma "física alemã" ou a uma "física ariana", e viu-se obrigado a migrar para os Estados Unidos. Grande ativista político, foi perseguido por manifestar opiniões anti-imperialistas. Em seus últimos anos de vida, foi um pacifista convicto e, entre outras coisas, lançou um manifesto em que conclamava todos os cientistas a se unirem em favor da eliminação das armas nucleares.

Vejamos algo mais acerca desse cientista tão singular que, com sua Teoria Geral da Relatividade, reformulou completamente o conceito de gravidade, dando lugar a um novo enfoque no estudo científico da origem e da evolução do universo.

Albert Einstein e sua Teoria da Relatividade

Albert Einstein nasceu na Alemanha, em 1879. Não apenas suas descobertas, mas também sua imagem de gênio extravagante, com cabelos revoltos, o transformou em um dos cientistas mais famosos e populares da história.

Em 1905, o jovem Albert era apenas um físico desconhecido que trabalhava no Escritório de Patentes de Berna. Havia publicado sua *Teoria da Relatividade Especial*, da qual falaremos no capítulo seguinte.

No entanto, a fama só chegou quando um jornalista americano sem conhecimentos científicos publicou um artigo sobre a obra de Einstein, confundindo vários conceitos. Chegou a afirmar que se tratava de uma teoria que somente três pessoas no mundo poderiam entender.

O público americano ficou fascinado com o personagem e com a complexidade de todo o assunto; com isso, Einstein tornou-se imediatamente um personagem muito conhecido, que era fotografado nas mais variadas situações, como andando de bicicleta ou tocando violino.

Contudo, sua entrada com letras de ouro nos anais da ciência deve-se à sua Teoria Geral da Relatividade, que, entre muitas outras coisas, permitiu empreender o estudo científico sobre a origem e a evolução do universo a partir de uma nova perspectiva: concretamente, através de um ramo da física chamado cosmologia, que pretende estudar em grande escala a estrutura e a história do universo em sua totalidade, através de suas leis.

Curiosamente, em 1921, Einstein não recebeu o Prêmio Nobel de Física por essa importante teoria – que, na época, ainda era questionada por muitos cientistas –, mas por sua explicação do efeito fotoelétrico, que consiste na emissão de elétrons por um material iluminado por radiação eletromagnética.

$$E = mc^2$$

Esta é provavelmente a equação mais famosa do mundo: energia igual a massa vezes aceleração ao quadrado. É uma dedução da Teoria da Relatividade e, lamentavelmente, também serviu para desenvolver a bomba atômica.

Todos já ouviram falar dessa teoria, mas – talvez nisso o jornalista americano não estivesse tão equivocado – são poucos os que conseguem entendê-la, e menos ainda os que são capazes de explicá-la.

Em nosso pequeno curso de filosofia vamos nos limitar a alguns conceitos básicos sobre a relatividade:

Nada pode viajar mais rápido que a luz. A velocidade da luz (aproximadamente 300.000 km/segundo) é o limite de velocidade do universo. Não se pode correr mais que isso!

À maior velocidade, a passagem do tempo é mais lenta. Costuma-se explicar com o seguinte exemplo: se tivermos dois relógios perfeitamente sincronizados e colocarmos um deles num foguete supersônico, quando esse relógio retornar à Terra estará marcando uma hora inferior à marcada no relógio que não viajou. A passagem do tempo fica cada vez mais lenta à medida que alguém se aproxima da velocidade da luz, até se deter ao atingir aquela velocidade.

$E = mc^2$. Simplificando muito, essa equação nos diz que a matéria é uma forma de energia e vice-versa. A massa e a energia podem transformar-se uma na outra livremente. Esse foi o princípio da reação nuclear e da bomba atômica. Para se ter ideia da enorme energia que se liberta da matéria, apenas um grama de massa convertido em energia pode proporcionar energia suficiente para suprir a necessidade de eletricidade de uma família inteira, por dez anos. Que perigo!

Einstein disse...

"Todos nós somos muito ignorantes. Acontece que nem todos ignoramos as mesmas coisas."

"Se procura por resultados diferentes, não faça sempre o mesmo."

"Há duas coisas infinitas: o universo e a estupidez humana. Mas, quanto ao universo, não tenho certeza."

"Triste época a nossa! É mais fácil desintegrar um átomo do que um preconceito."

"A cada dia sabemos mais e entendemos menos."

"O acaso não existe; Deus não joga dados."

"Você realmente não entende algo se não consegue explicá-lo para sua avó."

"O importante é não deixar de se fazer perguntas."

"A palavra progresso não terá nenhum significado enquanto houver crianças infelizes."

"Não sei com que armas se lutará na Terceira Guerra Mundial, mas sei com quais lutarão a Quarta Guerra Mundial: com paus e pedras."

Stephen Hawking, um gênio na cadeira de rodas

Depois de Einstein, possivelmente o cientista que alcançou maior popularidade foi Stephen Hawking, um homem que desde os vinte anos sofre de uma enfermidade que o deixou prostrado em uma cadeira de rodas. Atualmente, só consegue mover alguns dedos com os quais se comunica através de um computador.

Essa situação não o impediu de se casar duas vezes e de realizar importantes estudos no campo da física, o que tem lhe proporcionado numerosos prêmios e doze doutorados *honoris causa*.

Hawking trabalhou na Teoria Geral da Relatividade, criando novas técnicas matemáticas para estudá-la. A partir dessa teoria e da Teoria Quântica, um ramo da física que explica o comportamento da matéria em uma escala muito pequena, interessou-se, por exemplo, pelos buracos negros e descobriu que eles emitem radiação. Os chamados "buracos negros" são regiões do espaço-tempo onde se concentra uma massa enorme e, portanto, onde se produz uma força de gravidade tão grande que nenhuma partícula, nem mesmo a luz, pode escapar.

O livro mais popular de Stephen Hawking é *História do tempo*, que, entre outras coisas, fala do *Big Bang* – a grande explosão que deu origem ao universo – e dos buracos negros.

Nessa obra, Hawking se pergunta se o tempo teve início e se terá um final, do mesmo modo que nos perguntamos se o universo é finito ou ilimitado. Essas questões o levaram a rever as grandes teorias, desde Aristóteles até nosso tempo, assim como os enigmas sem respostas da ciência atual.

Em suas conclusões, o autor argumenta que, se o universo é algo contínuo, sem princípio nem fronteiras, então não pode ser criado nem destruído; simplesmente existe. Hawking termina aquele estudo comentando que, se nós, seres humanos, conseguíssemos encontrar a resposta definitiva para esses temas, "seria o triunfo definitivo da razão humana, porque conheceríamos o pensamento de Deus".

O planeta em perigo! Podemos viver em outro mundo?

Em meados do século XX, em pleno apogeu da corrida espacial, a humanidade passou a sonhar com a colonização de outros planetas. Isso se deve ao fato de alguns cientistas começarem a se preocupar com a degradação que já estávamos infligindo ao planeta Terra.

O raciocínio era mais ou menos este: quando já não coubermos neste mundo, ou tivermos esgotado todos os seus recursos, seremos obrigados a nos estabelecer em outros planetas.

Cinquenta anos depois, com a corrida espacial praticamente estagnada, sabemos que essa nunca será a salvação para a humanidade. Nenhum dos planetas a nosso alcance oferece condições mínimas para a vida. A viagem para Marte é longa e custosa. E, uma vez lá, às brutais mudanças de temperatura irá se somar a atmosfera contaminada de gases venenosos.

A única opção realista seria nos instalarmos em nossa vizinha, a Lua. Mas, mesmo ali, os problemas para o estabelecimento de uma colônia humana parecem insolúveis a curto prazo.

Para começar, a construção de uma pequena cidade espacial exigiria dezenas de milhares de lançamentos para levar até lá o material necessário.

Na década de 1980, a Nasa calculou quanto custaria construir uma simples estação espacial permanente na Lua. Para se construir uma esfera de 40 metros de diâmetro e 20 metros de altura, por exemplo, seriam necessárias 1.000 toneladas de cimento, 300 de ferro e 330 de água. O custo total ficaria em torno de 72 bilhões de dólares.

Hoje provavelmente custaria muito mais: só as viagens para transportar todo esse material arruinariam a economia do país mais rico do mundo.

Por outro lado, não parece provável que uma base lunar resistiria muito tempo às condições hostis encontradas na Lua: chuva constante de meteoritos, mudanças radicais de temperatura e radiação cósmica.

Resumindo: não podemos usar nosso satélite como refúgio no próximo ano, nem tampouco na próxima década. Isso nos deixa com apenas um mundo habitável ao nosso alcance: a Terra.

Então, por que estamos tão loucos para contaminá-la?

Grandes males

Há cada vez mais vozes – o giro mundial do ex-vice-presidente americano Al Gore é só um exemplo – a nos advertir de que precisamos agir imediatamente se queremos salvar nosso precioso planeta. Os perigos que ameaçam a Terra em virtude da ação humana são inumeráveis, mas destacaremos alguns dos mais importantes:

Aquecimento global. A emissão de fumaça, o uso de combustíveis fósseis (como o carvão, o petróleo e o gás natural) e o desmatamento (o desaparecimento de florestas devido à derrubada de árvores realizada pelo homem) têm elevado a temperatura da Terra. Esse fenômeno está provocando o derretimento de grandes massas de gelo nos polos, o que levará à elevação do nível do mar, ocasionando grandes catástrofes, sem falar da desertificação de boa parte do planeta.

Contaminação. Os resíduos que produzimos em quantidade cada vez maior não apenas lotam centenas de milhares de depósitos de lixo até o limite de suas capacidades, como também estão transformando nossos mares em um grande lixão. Por sua vez, o ar que respiramos nas cidades causa cada vez mais problemas de saúde.

Superpopulação. O número de habitantes na Terra e suas necessidades não podem crescer ilimitadamente em um mundo limitado. A pressão que a população mundial exerce sobre os recursos naturais poderá tornar-se insustentável se não se tomarem medidas para conter o crescimento demográfico.

Perda de biodiversidade. A cada dia que passa, dezenas de espécies animais e vegetais são perdidas para sempre. Para garantir o equilíbrio deste planeta, onde todos os seres dependem de todos, é preciso conservar a riqueza da Terra e, portanto, proteger as espécies ameaçadas.

Grandes remédios

O ex-astronauta da Nasa John Young disse certa vez: "Se quiser ver uma espécie em perigo de extinção, levante-se e olhe-se no espelho." Antes que seja tarde demais, cada um de nós pode aplicar estas medidas individuais para dar sua pequena contribuição para a preservação do planeta:

Consumir menos, reciclar mais. Convém evitar o uso de embalagens descartáveis e separar o lixo para depositá-lo em coletores diferenciados para reciclagem.

Utilizar energia renovável. Sempre que possível, devemos recorrer a meios alternativos para obter eletricidade, como instalar placas de captação de energia solar, caso residamos em uma casa.

Trocar o carro pela bicicleta. Cada pessoa que pedala até a escola ou local de trabalho representa um automóvel a menos emitindo gases e fumaça que envenenam o ar e aquecem a atmosfera. Outra boa opção é recorrer ao transporte coletivo.

Conscientizar outras pessoas. Se já temos uma atitude ecológica, o passo seguinte é ensinar às pessoas de nossas relações de que maneira elas podem contribuir para preservar o meio ambiente.

Participar de ONGs. Dedique uma parte de seu tempo livre a uma organização não governamental dedicada a projetos relacionados com a natureza, com as pessoas necessitadas ou com a justiça. A união faz a força!

A Terra nos diz...

"A Terra não pertence aos seres humanos; os seres humanos é que pertencem à Terra. Tudo está ligado, como o sangue que une uma família. Aquilo que ocorrer com a Terra recairá sobre os filhos da Terra. Os seres

humanos não teceram o tecido da vida: são apenas os fios dele. Tudo o que fizerem ao tecido farão a si mesmos."
Chefe Índio Seattle, 1854

"O mundo é suficiente para satisfazer nossas necessidades, mas não nossa cobiça."
Mahatma Gandhi

"Quando beberes a água, recorda-te da fonte."
Provérbio chinês

"Às vezes acreditamos que o que fazemos é apenas uma gota no mar, porém o mar seria menor sem essa gota."
Madre Teresa de Calcutá

"Não há tripulantes na nave Terra. Todos somos sua tripulação."
Marshall McLuhan

"Ativista não é quem denuncia que o rio está sujo. O verdadeiro ativista é quem o limpa."
Ross Perot

"Permitamos que a natureza siga seu curso normal; ela conhece seu ofício melhor que nós."
Michel de Montaigne

"Se a civilização conseguiu superar a Idade da Pedra, também conseguirá superar a Idade do Lixo."
Jacques Barzun

Agradecimentos...

A Gabriel García de Oro, por sua amizade intergaláctica.

A Sandra Bruna, nossa base sólida neste planeta.

A todas as pessoas deste mundo que, em vez de acumular coisas, continuam pesquisando.

... e um puxão de orelhas

Aos duendezinhos malvados, alheios aos autores, que introduziram os erros deste livro quando não estávamos olhando.

O que eu penso: